陶器尋古

陶器文化與藝術特色

謝滌非 編著

崧燁文化

目錄

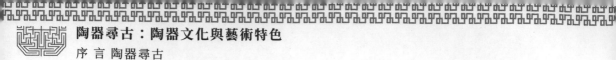

序 言 陶器尋古

文化是民族的血脈，是人民的精神家園。

文化是立國之根，最終體現在文化的發展繁榮。博大精深的中華優秀傳統文化是我們在世界文化激盪中站穩腳跟的根基。中華文化源遠流長，積澱著中華民族最深層的精神追求，代表著中華民族獨特的精神標識，為中華民族生生不息、發展壯大提供了豐厚滋養。我們要認識中華文化的獨特創造、價值理念、鮮明特色，增強文化自信和價值自信。

面對世界各國形形色色的文化現象，面對各種眼花繚亂的現代傳媒，要堅持文化自信，古為今用、洋為中用、推陳出新，有鑑別地加以對待，有揚棄地予以繼承，傳承和昇華中華優秀傳統文化，增強國家文化軟實力。

浩浩歷史長河，熊熊文明薪火，中華文化源遠流長，滾滾黃河、滔滔長江，是最直接源頭，這兩大文化浪濤經過千百年沖刷洗禮和不斷交流、融合以及沉澱，最終形成了求同存異、兼收並蓄的輝煌燦爛的中華文明，也是世界上唯一綿延不絕而從沒中斷的古老文化，並始終充滿了生機與活力。

中華文化曾是東方义化搖籃，也是推動世界文明不斷前行的動力之一。早在五百年前，中華文化的四大發明催生了歐洲文藝復興運動和地理大發現。中國四大發明先後傳到西方，對於促進西方工業社會發展和形成，曾造成了重要作用。

中華文化的力量，已經深深熔鑄到我們的生命力、創造力和凝聚力中，是我們民族的基因。中華民族的精神，也已深深植根於綿延數千年的優秀文化傳統之中，是我們的精神家園。

總之，中華文化博大精深，是中華各族人民五千年來創造、傳承下來的物質文明和精神文明的總和，其內容包羅萬象，浩若星漢，具有很強文化縱深，蘊含豐富寶藏。我們要實現中華文化偉大復興，首先要站在傳統文化前沿，薪火相傳，一脈相承，弘揚和發展五千年來優秀的、光明的、先進的、科學的、文明的和自豪的文化現象，融合古今中外一切文化精華，構建具有

中華文化特色的現代民族文化，向世界和未來展示中華民族的文化力量、文化價值、文化形態與文化風采。

為此，在有關專家指導下，我們收集整理了大量古今資料和最新研究成果，特別編撰了本套大型書系。主要包括獨具特色的語言文字、浩如煙海的文化典籍、名揚世界的科技工藝、異彩紛呈的文學藝術、充滿智慧的中國哲學、完備而深刻的倫理道德、古風古韻的建築遺存、深具內涵的自然名勝、悠久傳承的歷史文明，還有各具特色又相互交融的地域文化和民族文化等，充分顯示了中華民族厚重文化底蘊和強大民族凝聚力，具有極強系統性、廣博性和規模性。

本套書系的特點是全景展現，縱橫捭闔，內容採取講故事的方式進行敘述，語言通俗，明白曉暢，圖文並茂，形象直觀，古風古韻，格調高雅，具有很強的可讀性、欣賞性、知識性和延伸性，能夠讓廣大讀者全面觸摸和感受中華文化的豐富內涵。

肖東發

陶器探源 新石器陶器

　　陶器的發明是新石器時代手工業最重要的成就，中國的先民早在一萬年以前就已掌握了製作陶器的技術。其中傳說中的人類始祖伏羲氏與陶器也有著密切的關係。

　　中國典型的新石器文化包括黃河流域的仰韶文化和馬家窰文化、長江流域的彭頭山文化和河姆渡文化，以及其他地區的甑皮岩文化和白羊村文化等，它們都有代表性的陶器，如彩陶、黑陶、印紋陶等。

▌古老傳說中的陶器起源

■原始灰陶

　　當上古先民剛剛結束茹毛飲血的原始生活，開始使用磨製精細的各式石器，並利用獸皮、獸骨、貝殼裝飾打扮自己的時候，便嘗試著展開思維的翅膀，來解釋這個五彩繽紛的世界。

　　那時，他們既無法理解宇宙間神奇的造化和大自然無窮的破壞力，也無法說清自身奇妙的由來與延續。於是，面對這不可思議的一切，描繪出一個萬能的上帝，比如盤古氏開天闢地，以及有巢氏、燧人氏、神農氏的動人故事。

　　所有這些關於「創世」的傳說中，神祇們卻幾乎是用同一種方法創造了人類本身，那就是用了泥土。

　　傳說中，女媧煉五色石補好崩塌的蒼穹後來到河邊，休息時摶土為獸、為畜、為人。可泥太軟，造出的人沒有氣力，無法抵禦洪水猛獸，所以，她又用麻繩橫於中，人便這樣誕生了。

　　不論多麼精彩、豐富的想像，都與人們最為熟悉的事物密切相關。而那個時代，人類最富創造力的表現，莫過於將那一團團黏糊糊的泥土，改變成

各種各樣的應用器皿，或捏塑、燒製成他們能夠見到和想要見到的一切，這就是陶器。

陶器的發明，是人類文明的重要進程，是人類第一次利用天然物，按照自己的意志創造出來的一種嶄新的東西。從河北省陽原縣泥河灣地區發現的舊石器時代晚期陶片來看，中國陶器的產生距今已有一萬一千七百多年的悠久歷史。

在遙遠的古時候，人們把黏土加水混合後，製成各種器物，乾燥後經火焙燒，產生質的變化，就形成了陶器。陶器作為一種器具，首先應用於古人的生活之中，製成罐、碗、盆、鉢等用於儲藏、飲食。古代先民至少在一萬年以前就已掌握了製作陶器的技術，並已懂得了在做炊器用的陶器中要加進砂粒，以防燒裂。

由於陶器的發明通常是原始農業的直接產物，因而其功績非當時的婦女莫屬。那時，男人們整天忙於捕獵、打魚，以獲取整個部落主要的食物；婦女則從事相對比較安全的農耕、畜牧，及肩負著小心保護火種的重責。因此，唯有她們最容易發現泥土遭火烘烤後的變化。

人類尚處在母系氏族公社晚期的一些地區，陶器的製作都是出自女性那靈巧的雙手，男人們最多也就是幫著挖土、運土、砍柴，從事一些粗重的、純輔助性的體力勞動，或者乾脆什麼也不插手。

只是到了原始公社的晚期，農業生產逐漸上升為人們主要的活動時，也就是說，人類開始進入父系氏族社會後，製陶才隨之被男人們把持了。

據傳說，上古神話中的伏羲、盤古均為葫蘆的擬人化。伏羲氏本名最大可能是「匏析氏」，就是「匏析成瓢」的意思。制瓢技術解決了先民喝水的大問題，是一項足以與石器和火的發明相提並論的技術進步，伏羲氏其實是葫蘆時代的象徵。

據古史記載，伏羲生於成紀，即今甘肅省天水市秦安縣秦城區一帶。女媧與伏羲既是兄妹，又是夫妻，傳說他們均是「人首蛇身」，在人類遇洪水、人煙斷絕之際，結為夫妻，繁衍人類。

在天水的新石器時期彩陶中，伏羲、女媧人首蛇身交尾的圖畫和陶器，是國內能夠證明伏羲、女媧活動於天水一帶的最有力證據。

在天水市武山縣和甘谷縣還發現了仰韶時期的「人面鯢魚圖」彩陶瓶，這與伏羲時期的「人首蛇身」圖騰崇拜的記載相符。

自古以來，天水卦台山和伏羲廟一直是成紀地域內祭祀先祖伏羲的最大的廟宇，天水也被稱之為「羲皇故里」。從「匏析」一詞可以推演出伏羲氏時代還開創了陶器的先河。有一種原始的製作陶坯的技術稱為胎模製陶術，以葫蘆等器物為胎模，外面塗泥，泥干後脫去胎模而成為陶坯，然後燒製成陶器。這種做法完全可能出現在伏羲氏時代後期。

首先，古代北方住房是用立木為支架塗泥成牆而成，天水秦安大地灣遺址更是將這種辦法用於大廳內獨立大柱的防火上。

其次，在伏羲氏時代後期，隨著人們用火知識和技術的提高，也可能出現燒煮食物的要求，為了防止易燃的瓢被火燒燬，會在瓢外面塗泥，瓢中加水燒煮食物。如果意外瓢中沒有水，就可能把瓢外的防火泥燒結成陶，從而開創了陶器時代。

河南省三門峽市澠池縣東北的仰韶遺址位於洛陽市以西，仰韶村北面不遠處是屬於崤山山脈的韶山，這裡流傳著最古老的關於陶器由來的故事。

傳說大約六七千年前，人類還群集在那深山密林的石洞裡，過著捕獵採果的生活。山上的獵物和野果日益滿足不了他們的生活需要，他們便慢慢地走出了山。

崤山山脈韶山峰下，有一片沃野，南臨黃河，北臨韶山，草木叢中野果纍纍，鳥兒在空中飛高飛低，走獸在林裡竄來竄去，真是一片富饒美麗的好地方。從山上下來的人，有個叫陶的族長，帶領族人來到了這塊地方。

起初，大自然的豐富物資，足以讓他們過著捕獵摘果的美好生活。後來人越來越多了，大自然的財富維持不了生活，他們於是披荊斬棘以開墾田地耕種，並且開始了獵物捉鳥養畜放牧的新生活。

有一年秋天，秋風瑟瑟，大雨連綿不斷地下。那風像猛獸一樣不斷地撕去他們賴以生存而用樹枝搭起的篷子，吹倒辛勤耕種的莊稼，捲走飼養的牛羊。

雨後，大地被洪水沖出了道道溝壑，人們只好在這溝壑上面覆蓋厚厚的樹枝茅草，住在下面用來避風驅寒。

一天，陶在巡視族人們的生活時，發現這些居住在溝壑茅草棚下的人，冬天雪透，夏日雨浸，不少因潮濕而得病。

他想：要是在乾燥的地方挖洞開穴，再用茅草蓋頂，那一定會更好些。於是在陶的帶領下，大家轟轟烈烈地幹了起來。

在辛勤勞動中他們發明了不少勞動工具，陶把這些經驗積累起來，打製出了各種各樣的石器：石斧、石錐、石鑿、石碗等。

同時，漫長的生活需要他們將獵物的骨頭磨製出骨針、骨錐、骨筷等，用樹皮、獸皮、毛草擰成了各種長短粗細不等的繩子。錐和繩子的出現使人們披上了蓑衣，穿上了獸皮。

長期沒有發生過戰爭，社會經濟不斷得到發展。各族人之間和平相處，平等相待。從而出現了馴服飼養的家畜、獵物和糧食的交流與交換。

這樣就需要儲存糧食、乾肉和果品了，於是他們用土和泥製成各種各樣儲物器，在太陽下曬乾使用，這種泥器成為他們當時較為廣泛使用的生活用品之一。

一天黃昏，狂風大作，天昏地暗。原來還沒來得及熄滅的烤肉火堆被風吹散開來，燃著了雜草、樹木、莊稼和茅草棚，霎時就成了一片火海。大火之後，樹上的果子沒了，只留下枯乾殘枝；田野的莊稼沒了，只留下片片灰燼。不幸的遭遇中，陶卻發現了一個奇蹟：那曬製的用泥做的儲器，比原來堅硬得多，敲起來清脆悅耳，尤其是放在穴裡的更好。

於是，陶帶領族人親自試燒，他把曬乾的各種泥製品放進掘好的窯洞裡，用木材架起來燒。一天，大家都去睡了，陶坐在那裡用乾柴不住地添火，他

在朦朦朧朧中覺得自己走進了熊熊的烈火中，雙肋長出了翅膀，飄飄忽忽地飛向藍天，在黃河上空翱翔。

天亮之後，人們來到火窯旁邊，火熄了，那位老人卻不見了，唯獨剩下的，是他常用的那根奇異的木製拐杖。

陶離開人類而去了，大家按照老人生前的囑託，繼續忙碌著。到了中午，雨瓢潑似的下，灌滿了個個試燒的窯。第二天，大家用土封了窯口。七天七夜過去了，水全部滲完，窯裡沒那麼熱了，大家挖開一看，滿窯是堅硬結實的儲物器。於是，消息傳遍了黃河兩岸。

陶死後，大家推舉他的兒子缶為首領。為了懷念陶的功績，大家把這種儲物器叫陶器。他們還為老人鑄了陶像，讓後人供奉。

閱讀連結

陶器是什麼時候產生的，已很難考證。對陶器的由來，說法不一，有人推測：人類最原始的生活用容器是用樹枝編成的，為了使它耐火和 緻密無縫，往往在容器的內外抹上一層黏土。

這些容器在使用過程中，偶爾會被火燒著，其中的樹枝都被燒掉了，但黏土不會著火，不但仍舊保留下來，而且變得更堅硬，比火燒前更好用。這一偶然事件給人們很大啟發。

後來，人們乾脆不再用樹枝做骨架，開始有意識地將黏土搗 碎，用水調和，揉捏到很軟的程度，再塑造成各種形狀，放在太陽光底下曬乾，最後架在篝火上燒製成最初的陶器。

▌黃河流域新石器時期陶器

■裴李崗文化雙耳壺

　　黃河流域最著名的原始文化，包括裴李崗文化、仰韶文化、馬家窯文化、齊家文化、龍山文化和大地灣文化等，成為從新石器時期至文明時期一個完整的體系。

　　河北省武安縣磁山和河南省新鄭縣裴李崗發現了新石器時期早期遺存，有較原始的新石器時期陶器，根據遺存的文化特徵，分別命名為磁山文化和裴李崗文化。

　　同時代或同一類型的文化遺存，在河北、河南、陝西、甘肅和山東等省也有發現，說明新石器時期早期居民在黃河流域的分佈十分廣泛。

　　據測定，這些遺址的年代約為西元六千至前五千年，為中國黃河流域已發現的新石器時期遺址中年代較早的文化遺存。這類文化遺址出土的陶器有以下一些特徵：陶泥未經細緻挑洗，陶片段面還發現有泥片貼敷的層理結構；胎質粗糙，皆手製；胎壁厚薄不勻，火候較低，一般在七百攝氏度至九百攝氏度之間，易破碎；陶色多呈紅色或橙紅色；陶器表面以素面為多，並有少量繩紋、竹篾紋、指甲紋與劃紋等。

　　這時的陶器器類少，性質比較單一，常見的陶器中，以砂質的深腹罐、泥制的小口壺、圜底或三足缽和碗類器較多，並有一些鼎、甕、盤、豆、盂等。各地發現的陶器中，除有早、晚之分外，陶器的形制與花紋裝飾還有地區差別。

　　磁山文化的陶器，以敞口、深腹罐、小口、雙耳罐，敞口、圜底缽或三足缽為主，並有一些平底盤、橢圓型盂、三足鼎、杯和靴形支架等。器表多飾繩紋與篦紋，並有劃紋，偶爾也有簡單的彩陶。

　　裴李崗文化的陶器也以直口或斂口深腹罐，小口、雙耳壺，敞口、圜底缽、三足缽和碗為主。部分雙耳壺的底部有加圈足或三錐狀足的，並有一些三足鼎和瓢形器。器表紋飾以篦紋或劃紋較多，很少見繩紋。

　　陝西省西鄉李家村，滑縣老官台、元君廟，寶雞北首嶺和甘肅省秦安大地灣等地新石器時期早期遺址發現的陶器，雖然也有深腹罐、圜底缽、三足缽和碗等器類，但小口壺卻比較少見。

　　陶罐的底部除為平底外，多有三矮足，或口沿作鋸齒狀，另外小口甕、杯和盂等器表紋飾以劃紋與繩紋居多，並有錐刺紋。由於這些遺址的陶器形制與器表紋飾也不盡相同，所以有人分別稱作「老官台文化」、「大地灣一期文化」。山東省滕縣北辛村遺址發現陶器時代也比較早。

　　後李文化因發現於山東省淄博市臨淄區後李文化遺址而得名，其分布範圍主要在泰沂山系北側的山前地帶，約距今八千五百年至七千五百年之間，前後延續約一千多年時間。

　　後李文化發現的陶器以紅褐陶為主，紅、灰褐、黑褐、青灰褐陶次之。製作工藝為泥條盤築，器表多素面，器形以圜底器為主，僅發現少量平底器和圈足器。器類主要有釜、罐、壺、盂、盆、缽、碗、形器、杯、盤、器蓋和支腳等。紋飾有附加堆紋、指甲紋、壓印紋和乳釘紋。

　　後李文化遺址發現的新石器時期陶窯被譽為「中華第一窯」。該窯爐不僅證明淄博地區是中國較早開始燒製陶器的地區之一，而且證明淄博地區燒製陶器的歷史已有八千多年。

該窯爐結構簡單、形體較小，頂部結構已毀，僅存窯膛及爐底，但四壁燒痕明顯，為使用燒結所致，說明該窯爐建造具原始性。

黃河中下游和附近地區的幾處新石器時期早期遺址發現的陶器，製作工藝雖然還比較粗糙，但工藝水準已相當進步，應不是中國最早的陶器。

仰韶文化在河南省澠池縣仰韶村發現而得名，其遺址在河南、陝西、山西、河北南部和甘肅東部一帶都有發現。

史書記載的炎帝、黃帝等著名部族的社會生活和文化生活，都可以從仰韶文化的研究中去探索。仰韶文化分布廣泛，並且歷史悠久，內涵豐富，影響深遠，是中國黃河流域華夏文化的主要代表。

仰韶文化遺址的陶器，一般是美觀的。發展到了屬於銅器時代的辛店遺址的陶器，紋飾較為複雜，紋飾間還點綴著犬羊的圖形，有的還塗有人形紋。

仰韶文化製陶業發達，較好地掌握了選用陶土、造型、裝飾等工序。陶器種類有缽、盆、碗、細頸壺、小口尖底瓶、罐與粗陶甕等。

其彩陶器造型優美，表面用紅彩或黑彩畫出絢麗多彩的幾何形圖案和動物形花紋，其中人面形紋、魚紋、鹿紋、蛙紋與鳥紋等形象逼真生動。

不少的仰韶文化彩陶器為藝術珍品，如水鳥啄魚紋船形壺、人面魚紋彩陶盆、魚蛙紋彩陶盆、鸛銜魚紋彩陶缸等。陶塑藝術品也很精彩，有附飾在陶器上的各種動物塑像，如隼形飾、羊頭器鈕、鳥形蓋把、人面頭像、壁虎及鷹等，皆栩栩如生。

仰韶文化陶器是承襲各地新石器時期早期的磁山文化、裴李崗文化和老官台文化陶器發展而來，但器類和數量明顯增多，其特徵是：胎質比較純淨、細膩，陶泥經過淘洗，表面磨製光滑，雖以手製為主，但已出現慢輪修正跡象。

火候一般較高，陶色以紅色者居多，並有一些棕陶、橙黃陶、灰陶和少量白陶。器表以素面與磨光較多，並有一些劃紋、弦紋、附加堆紋、拍印的

繩紋和藍紋等裝飾。部分細泥質陶器表面實有陶衣，並有用黑、白、紅等顏色彩繪的圖案花紋的彩陶器。

仰韶文化常見的陶器有幾大類。

首先是炊器：有大口或口微斂的深圓腹、平底砂質罐，小口、深圓腹、圓底、三足砂質罐形鼎，大口、淺腹或折腹圓底、三足盆形鼎，小口、扁圓形腹或扁折腹、圓底、三足釜，敞口、深圓腹、平底、鏤空甑和帶有火門的平底、盆形陶灶。

其次是飲食器：有泥質大口、圓底或平底鉢，大口、鼓腹或斜壁平底碗，大口、淺盤高柄豆，大口或直口、深腹陶盂和直敞口陶杯。

另外還有盛儲器：有大口、深腹或淺腹、略鼓或折腹、平底盆，大口或斂口、深腹、平底罐，小口、深圓腹、平底甕，小口、深腹或加雙耳尖底瓶和大口或小口微斂、深腹、平底或尖底缸等。

部分陶鉢、陶盆和陶罐的上部飾有彩繪，另有帶握手的陶器蓋、筒形細腰陶器座、白陶器與硬陶器。

仰韶文化的陶器又可區分為半坡類型、西王村類型、後崗與大司空類型和秦王寨與大河村類型等，各類型的代表性陶器也各有特色。

半坡類型發現於西安半坡遺址，遺址有早晚期的區別。代表性陶器有大口、圓底陶鉢，大口、圓底陶盆，折腹陶盆，細長頸陶壺，小口、深腹尖底瓶、陶罐和陶甕等。器表裝飾有繩紋、線紋、弦紋與錐刺紋，分菱形、三角形、麥粒形。

半坡類型的彩陶中多用黑彩繪製的帶條紋、三角紋、波折紋、網紋、人面紋、魚紋、鹿紋與蛙紋等。也有在陶器的內壁進行彩繪，這在仰韶文化類型的彩陶中少見。

在半坡等地的彩陶鉢口沿黑寬頻紋上，還發現有五十多種刻畫符號，可能具有原始文字的性質。

人面魚紋彩陶盆多作為兒童甕棺的棺蓋來使用，是一種特製的葬具。陶盆泥質，紅陶燒成，盆內壁畫人面紋和魚紋各兩個，相間排列，題材新穎，形象生動，反映了半坡類型彩陶常以魚紋裝飾陶器的特點。

彩陶是在陶器表面以紅黑赭白等色作畫後燒成，彩畫永不掉落。此盆由細泥紅陶製成，敞口卷唇，盆內壁用黑彩繪出兩組對稱的人面魚紋。

人面概括成圓形，額的左半部塗成黑色，右半部為黑色半弧形，可能是當時的文面習俗。眼睛細而平直，鼻樑挺直，神態安詳，嘴旁分置兩個變形魚紋，魚頭與人嘴外廓重合，加上兩耳旁相對的兩條小魚，構成形象奇特的人魚合體，表現出豐富的想像力。

人頭頂的尖狀角形物，可能是髮髻，加上魚鰭形的裝飾，顯得威武華麗。

盆上的人與魚題材，可能與古代半坡人的圖騰崇拜和經濟生活有關。這種魚紋裝飾正是他們生活的寫照，也象徵著人們期盼富足的美好願望。

人面由人魚合體而成，人頭裝束奇特，像是進行某種宗教活動的化妝形象，具有巫師的身分特徵。而稍作變形的魚紋很可能代表了「魚神」的形象，因此這類圖畫一般被認為象徵著巫師請魚神附體，表達出人們以魚為圖騰的崇拜主題。

古代半坡人在許多陶盆上都畫有魚紋和網紋圖案，這應與當時的圖騰崇拜和經濟生活有關，半坡人在河谷階地營建聚落，過著以農業生產為主的定居生活，兼營採集和漁獵，這種魚紋裝飾是他們生活的寫照。此時期的紋飾多以魚紋、水波紋為主，獸紋、植物紋較為少見。

仰韶文化流行一種甕棺葬的習俗，把夭折的兒童置於陶甕中，以甕為棺，以盆為蓋，埋在房屋附近。有的陶盆上畫有人面，人面兩側各有一條小魚附於人的耳部。

根據《山海經》中某些地方曾有巫師「珥兩蛇」的說法，可能人面魚紋表現的是巫師珥兩魚，寓意為巫師請魚附體，進入冥界為夭折的兒童招魂。

此外，在先秦典籍《詩經》、《周易》中魚有隱喻「男女相合」之義，以此推之，這人面魚紋也應有祈求生殖繁衍族丁興旺的涵義。但不管蘊含何種奧祕，作為中國原始社會先民的藝術傑作，它已然放射出耀目的光芒。

另外，在西安半坡仰韶文化的遺址中，還有一種陶質的口哨，人們把它稱為陶塤。陶塤的形狀不盡相同，有的像橄欖形，中間形狀較粗且圓，兩頭呈細尖形。陶塤兩面各有一個孔洞貫穿，吹氣之後便可發出聲音，應該是最原始的吹奏樂器。

陶塤的產生，最初並不是單純為了欣賞其音響效果，更重要的功能還是用於當時的畜牧業或狩獵業，用來召喚或引誘動物。而後，隨著人們對不同音響效果的認識和區分，陶塤才從單音階發展為多音階，逐步演變成為早期的樂器。

仰韶文化廟底溝類型發現於河南陝縣廟底溝，代表性陶器有敞口、曲腹、平底碗，敞口、曲腹、平底盆，大口、圜底鉢，雙唇、小口、尖深腹底瓶，陶器座，小口、圜底罐，罐形鼎，小口、扁折腹釜，盆形、三足陶灶等。器表裝飾有線紋、繩紋、劃紋、籃紋、弦紋和彩陶。

廟底溝彩陶主要是黑色彩陶和塗有白衣的彩陶，而紅色彩陶則很少。彩陶紋飾中有帶條紋、圓點紋、勾葉紋、弧線三角紋、曲線紋等，並有少量動物形象的鳥紋與蛙紋。

仰韶文化西王村類型發現於山西芮城西王村而得名，代表性陶器有大口、寬沿盆，小口、帶流罐，小口、長頸、雙耳、尖底瓶，敞口、斜壁、平底碗，小口、深腹甕等。器表裝飾以繩紋最多，並有少量籃紋、線紋、劃紋、弦紋、方格紋與鏤空。

西王村彩陶多紅彩與白彩，繪出比較簡單的條帶紋、圓點紋、斜線紋與波折紋。

大司空類型發現在河南省安陽大司空村，代表性陶器有曲腹與折腹盆，大口、斜壁、平底碗，小口、卷沿、深腹、圓鼓、平底罐和帶鋸齒紋盆等。器表裝飾有劃紋、籃紋、線紋、繩紋、方格紋、錐刺紋和附加堆紋。

大司空類型彩陶多用紅色，繪製的紋飾有條帶紋、弧紋三角紋、葉紋、螺旋紋、半環紋、S 形紋、溝型紋、網紋、圓圈紋。

秦王寨類型發現於河南省滎陽秦王寨，代表性陶器有罐形和盆形折腹鼎、大口、圜底與平底缽，斂口、深腹罐，部分罐的腹部飾一周或兩周附加堆文，小口、短頸、圓肩、鼓腹、平底甕，小口、尖底瓶等。器表裝飾有劃紋、弦紋與附加堆紋。

秦王寨類型彩陶多用紅彩和黑彩，彩繪紋飾有帶條紋、網紋、X 形紋、S 形紋、豎道紋，並有一些白衣彩陶，這是河南中部地區仰韶文化中較晚的遺存。

大河村類型發現於河南省鄭州市大河村，是延續時間較長的以仰韶文化為主的遺址。從大河村仰韶文化遺址的層次疊壓和陶器特徵來看，有早晚之分，並是前後一脈相承的發展關係。

大河村類型代表性陶器有砂質與泥質深腹、圓腹或折腹平底罐，罐形鼎與盆形鼎，小口、扁腹、三足釜，大口、深腹甑，大口或斂口缽，淺盤、高柄豆，小口、鼓腹甕，短頸、深腹壺與雙聯壺，大口、侈沿、深腹盆與折腹盆，大口、深腹、平底缸，大口、深腹、尖底罐，小口、深腹、尖底瓶，筒形器座和陶器蓋等。

大河村類型器表紋飾有弦紋、劃紋、附加堆紋與繩紋，並有較多數量的彩陶，彩陶多飾在泥質陶罐、陶缽與陶盆的上部，有黑、紅、白等彩繪。彩繪紋樣有條帶紋、弧形三角紋、葉紋、螺旋紋、半環紋、太陽紋、S 形紋、X 形紋、鉤形紋、網紋、鋸齒紋、圓圈紋與波浪紋等多種。

從鼎、罐、盆、缽與小口尖底瓶的形制和鼎足的發展變化以及彩陶紋飾的演變中，可以清楚地看出大河村陶器整個的發展演變過程。大河村類型的晚期為秦王寨類型。

貓頭鷹由於外貌奇特，叫聲淒厲，所以常常給人以恐怖的感覺，甚至招致一些人的厭惡，有一些迷信傳說還認為貓頭鷹是不吉利的象徵。

但是，從遠古時期一直到商代，人們非但沒有認為貓頭鷹是惡鳥，反而還以貓頭鷹為崇拜對象，由於它們兇猛且善於飛翔、兇猛的搏殺和夜間的活躍能力，從而成為人們圖騰崇拜的對象。

在陝西省華縣太平莊發現的仰韶文化時期陶鷹尊，被譽為「氏族的守護神」。陶鷹尊為盛酒器，高三十五點八公分，距今約五千年。

器物造型與鷹的形狀渾然一體，如一隻蓄勢待發的鷹。兩隻圓圓的大眼炯炯有神，尖尖的嘴巴向下彎成鉤形，顯得非常犀利。翎羽矗立，身體豐滿結實，肌肉隆起，透著一股威猛勁。

無論從正面還是側面觀看，都給人一種健美的感覺。鷹的兩腿空心，尾巴下垂落地，自然地形成「三足鼎立」，既加大了容量，又使其具有穩定性。新石器時期以鳥類造型的陶器僅見此一件，是原始製陶工藝的傑作。

同貓頭鷹頭部那種細緻、傳神的刻畫相比，其足部的雕塑則顯得有些粗略。這是因為那時的房屋都很低矮，更沒有桌、椅、凳等日常家具，不論屋內屋外，人們在坐著的時候，都是坐在地上，也就是席地而居。

他們使用的陶器，也只能是放置在地上。那些器物都處於人們的視平線之下，器物的下部是人們視線看不到的，對這看不到的地方，自然就不必下力氣去施加花紋或精心塑造了。

關中、晉南、豫西和豫北四個地區的仰韶文化陶器之間雖然有著許多共性，但各自的地方特徵也很明顯，並有著各自的演變系列。

馬家窯文化在甘肅臨洮馬家窯村古文化遺址發現，是一種受關中地區仰韶文化影響，而發展起來的新石器時期文化，它的陶器形制特徵近似仰韶文化。

馬家窯文化的陶器，以砂質河泥質紅陶為主。但泥質陶的胎質細膩，器表多經磨光，並多是手製，彩陶最為發達。彩繪多用黑彩在泥質紅陶或橙黃陶的頸部與上腹部，繪製出顏色鮮豔、線條流暢的圖案花紋裝飾。

同時，在砂質紅陶器表還有施用劃紋、三角紋、繩紋和附加堆紋，表明馬家窯文化的彩陶已有較高的藝術水準。

馬家窯文化具有代表性的陶器是彩陶，有小口圓腹甕或稱彩陶罐、雙耳彩陶罐和彩陶鉢。其炊器為大口、深腹、平底砂質罐；食器如敞口微斂、淺腹、平底盆，敞口、喇叭形座豆，大口、平底碗和敞口、淺腹、平底鉢；盛儲器有小口、短頸、圓腹或雙耳、平底甕，小口、長頸、圓腹、平底壺，小口、長頸、深腹陶瓶等，另有陶杯與陶盂，其中多數陶甕器表飾有彩繪圖案。

根據馬家窯文化彩陶的紋樣，還可以區分為馬家窯類型、半山類型和馬廠類型。馬家窯類型彩陶製作精細，以黑色彩繪較多。彩陶紋樣有條帶紋、圓點紋、弧紋、波紋、方格紋、垂幛紋、線紋、人面紋、蛙紋和舞蹈紋等。

半山類型彩陶也以黑彩為主，但兼有少量紅彩，構圖複雜，紋樣有螺旋紋、菱形紋、圓圈紋、葫蘆形紋、三角紋、編織紋、連弧紋、網紋和鋸齒紋等。

馬廠類型彩陶紋樣較粗糙，有在紅色陶衣上施用紅黑二色繪製的彩陶。紋飾有人形紋、目形紋、雲雷紋、三角紋與蛙紋等。

馬家窯文化以彩陶器為代表，它的器型豐富多姿，圖案極富於變化和絢麗多彩，是世界彩陶發展史上無與倫比的奇觀，是人類遠古先民創造的最燦爛的文化，是彩陶藝術發展的頂峰。它不僅是工業文明、農業文明的源頭，同時它源遠流長地孕育了中國文化藝術的起源與發展。

馬家窯文化的陶器大多以泥條盤築法成型，陶質呈橙黃色，器表打磨得非常細膩。許多馬家窯文化遺存中，還發現有窯場和陶窯、顏料以及研磨顏料的石板、調色陶碟等。

馬家窯文化的彩陶，早期以純黑彩繪花紋為主；中期使用純黑彩和黑、紅二彩相間繪製花紋；晚期多以黑、紅二彩並用繪製花紋。

馬家窯文化的製陶工藝已開始使用慢輪修坯。並利用轉輪繪製同心圓紋、弦紋和平行線等紋飾，表現出了嫻熟的繪畫技巧。

　　彩陶的大量生產，說明這一時期製陶的社會分工早已專業化，出現了專門的製陶工匠。彩陶的發達是馬家窯文化顯著的特點，在中國所發現的所有彩陶文化中，馬家窯文化彩陶比例是最高的，而且它的內彩也特別發達，圖案的時代特點十分鮮明。

　　彩陶是中國文化的根，繪畫的源，馬家窯文化創造了中國畫最早的形式。馬家窯文化彩陶的繪製中以毛筆作為繪畫工具、以線條作為造型手段、以黑色為主要基調，奠定了中國畫發展的歷史基礎與以線描為特徵的基本形式。

　　馬家窯蛙紋彩陶也向人們揭示了蛙紋出現、變化，最終發展成雛形龍圖案的演繹過程，而整個演繹過程與先民避免和戰勝水患的願望有著直接的聯繫。馬家窯文化彩陶畫可以證明，中華龍的形成起源於蛙紋。

　　還有一件彩陶盆，最上層有十個亮圓，代表了古時候天上有十個太陽，中間有九個，代表被后羿射掉了九個。最中間一個，代表了還剩一個太陽，每個太陽的中間都有一隻鳥頭，代表了太陽鳥也就是金烏，證明了后羿射日的傳說確實很早就有了。

　　齊家文化是以甘肅省為中心地區的新石器末期文化，大約產生於四千一百三十年前，其名稱來自於其主要遺址甘肅省臨夏回族自治州廣河縣排字坪鄉園子坪的齊家坪遺址。另外在甘肅、青海地區的黃河及其支流沿岸階地上共有齊家文化遺址三百五十多處。

　　齊家文化的手工業生產比馬家窯文化有更大發展。製陶技術仍以泥條盤築法手製為主，部分陶器經慢輪修整，有一些陶罐的口、頸尚留有清楚的輪旋痕跡。製陶工匠已掌握了氧化焰和還原焰的燒窯技術，陶系主要是泥質紅陶和夾砂紅褐陶，一些器物的表面施以白色陶衣。

　　齊家文化的大量陶器是素面的，有些罐類和三足器拍印籃紋和繩紋，也有少量彩陶，繪以菱形、網格、三角、水波和蝶形花紋，線條簡化而流暢。

　　陶器的造型以平底器為主，三足器和圈足器較少。典型器物有雙耳罐、盤、鬲、盆、鏤孔圈足豆等，其中以雙大耳罐和高領雙耳罐最富有特色。

齊家文化的陶工還善於用黏土捏製各種人頭造型和動物塑像，人頭長頸圓頰，雙眼仰望；動物有馬、羊或狗等，形體小巧生動。還有一些陶製瓶和鼓形響鈴，鈴內裝一個小石球，搖時叮噹作響，是巧妙的工藝品。

齊家文化陶塑的題材多樣，以鳥類雕塑最多，有的形狀像水鳥，有著長嘴、長頸和短尾。有的形狀像鴿子，體態豐滿渾圓。有的作展翅欲飛狀，身上的錐刺紋表示羽毛。有的為三足鳥，這和傳說中的太陽鳥或許有關係。

齊家文化有的陶器頂部或內部雕塑著狗的頭部，這可能與畜牧業的發展有關。齊家文化的陶器上，也有浮雕和刻畫出的蜥蜴。這種神祕的爬行動物，特別受到西北的原始氏族人們的青睞，常作為造型藝術的主題形象。

齊家坪出土的浮雕龍形紋紅陶罐，在器腹中部，用泥條堆塑成橫繞的龍形紋，頭小而似蛇首，身上有鱗甲狀刻畫紋，身子中部有向上彎曲的爪足，展現了西北地區由蛇昇華為龍的原始形態。

齊家文化在建築材料上有許多發明創造，甘肅省靈台縣橋村出土了一批陶瓦，有板瓦、半筒狀瓦等樣式，為橙紅色陶，瓦上面有時代特點鮮明的籃紋和附加堆紋。

龍山文化泛指中國黃河中、下游地區，於新石器時期晚期的銅石並用時代之文化遺存，因最早發現於山東省歷城區龍山鎮城子崖而得名，距今約四千六百年至四千年。

中原地區早期龍山文化的陶器以灰色為主，多為手製，口沿部分一般都經過慢輪修整，部分器物如罐類還採用器身、器底分別製成後再接合的「接底法」成型新工藝。灰陶的燒成溫度約為八百四十度。

早期龍山文化陶器的杯、敞口盆、折沿盆、斂口罐、尖底瓶等器形還有保留，繼承了仰韶文化的某些因素，而雙耳盆、三耳盆、深腹盆、筒形罐則獨具特色。

龍山文化陶器的紋飾以籃紋為主，有些陶器又在籃紋上面飾以數道，甚至通身飾以若干道附加堆紋，主要用來加固器身。

晚期龍山文化的陶器以灰陶器為主，紅陶已占有一定比例，黑陶器數量有所增加。灰陶和紅陶的燒成溫度均達一千度。

仍以手製為主，但輪製技術革新得到了進一步發展，部分陶器已採用模製成型。主要器形有杯、盤、碗、盆、罐、鼎、甗、器蓋、器座及新出現的鬲等。紋飾以繩紋、籃紋為最普遍，還見少量方格紋。

山東龍山文化陶器在製法上有了很大進步，普遍使用輪製技術。因而器型相當規整，器壁厚薄十分均勻，產量和質量都有很大提高。

神後龍山陶場位於山西省垣曲縣城東北的同善鎮神後村東，龍山陶場遺址東西約五十公尺，南北約一百五十公尺，有紅陶罐、灰砂褐陶罐殘片、泥質灰陶片、鼎足、石碑等遺物。根據陶片質地觀察，為龍山時期的文化陶器，傳說是舜帝用過的東西，或舜帶領人們製的陶器。

山東龍山文化陶器以黑陶為主，灰陶不多，還有少量紅陶、黃陶和白陶。黑陶是陶胎較薄、胎骨緊密、漆黑光亮的黑色陶器。它在龍山文化陶器中製作最為精美。

黑陶在燒製時採用了封窯煙燻的滲炭方法，器表呈現出黑色光澤。黑陶表面磨光，樸素無華，紋飾僅有少數弦紋、劃紋或鏤孔。黑、薄、光、紐為其四大特點。

黑陶有細泥、泥質、夾砂三種。其中有一種細泥薄胎黑陶，表面光亮如漆，薄如蛋殼，稱為「蛋殼黑陶」，代表著這一類型陶器的傑出成就，反映了當時高度發展的製陶業水準，是中國製陶史上的頂峰時期。

「蛋殼黑陶」以素面或磨光的最多，紋飾較少，主要有弦紋、劃紋和鏤孔等幾種。器形較多，主要有：碗、盆、罐、甕、豆、單耳杯、高柄杯、鼎等。

尤其是龍山文化遺址的黑陶藝術品蛋殼黑陶高足杯，杯壁只有零點五公分厚，重量只有五十克左右，是黑陶中的極品。不要說是四千多年前的古人，就是後世的人想要燒製出這樣成色的陶器都非常困難。

閱讀連結

距今約一萬兩千年至九千年前發現的陶器數量較少，絕大多數為陶片，陶器中普遍摻雜較大的石英砂粒，使用原始的模製技術和泥片貼塑方法、捏塑成型，工藝原始、器類簡單，無刻意的裝飾。

根據湖南省道縣玉蟾岩、江西省萬年仙人洞和吊桶環的發現，中國至遲在西元前一千兩百年就出現了原始陶器。在中國北方，河北省徐水南莊頭也發現了西元前九千年至西元前八千年的陶器。

據此，可以看出，中國南方最早的陶器多圜底，中國北方早期的陶器多平底，陶器的製作方法、器表的裝飾手法也有明顯的差異，說明陶器的起源是多元的。

長江流域新石器時期陶器

■大溪文化陶器

長江流域分布著各具特色的新石器時期文化，它們在中華源遠流長的文明史中，占據著不可忽視的地位。比如彭頭山文化、大溪文化、屈家嶺文化、

石家河文化、營盤山文化、河姆渡文化、馬家浜文化、崧澤文化、良渚文化和寶墩文化等，這些文化都具有代表性的典型陶器。

彭頭山文化主要位於長江流域洞庭湖西北的澧水流域，距今約九千年至七千五百年。它是中國南方最早的新石器時期遺址，也是中國史前文化的代表。

彭頭山文化堆積厚約一公尺，分七個文化層。還發現了一批居住房址遺址，內有新石器時期早期的打製石器和細小燧石器，以及夾炭紅褐陶、夾砂紅褐陶和泥質紅陶等。

在彭山頭文化遺址發現的陶器比較原始，製作工藝古樸簡單，器坯均使用了原始的泥片貼塑法，胎厚而不均勻。

彭頭山文化遺址中大部分陶器的胎泥中夾有炭屑，一般呈紅褐色或灰褐色。器類不多，主要是深腹罐與鉢，普遍裝飾粗亂的繩紋、刻畫紋，器形有圓底罐、鉢、盆。而且紅陶已飾有太陽月亮紋，因此，其歷史價值和研究價值極高。

大溪文化是中國長江中游地區，約西元前四千四百年至西元前三千三百年的新石器時期文化，因位於重慶市巫山縣大溪遺址而得名。其分布東起鄂中南，西至川東，南抵洞庭湖北岸，北達漢水中游沿岸，主要集中在長江游西段的兩岸地區。

大溪文化以大溪類型為例，可歸納為三期：

早期以夾炭紅陶最多，戳印紋簡單、細小，彩陶極少，以折肩圈足罐、三足盤、鼓形器座等為代表。

中期以戳印紋發達，彩陶興盛，常見內折沿圈足盤、簋、高把豆、折腹盆、曲腹杯、筒形瓶等。

晚期則以泥質陶占絕對優勢，灰陶和黑陶劇增，有細頸壺、折斂口圈足碗等。

　　大溪文化的陶器以紅陶為主，外表普遍塗有紅衣，有些因扣燒而外表為紅色，器內為灰色和黑色。盛行圓形、長方形和新月形等戳印紋，一般成組印在圈足部位。

　　其中有少量彩陶，多為紅陶黑彩，常見的是繩索紋、橫人字形紋、條帶紋和漩渦紋。主要器形有釜、斜沿罐、小口直領罐、壺、盆、鉢、豆、簋、圈足盤、圈足碗、筒形瓶、曲腹杯、器座、器蓋等。

　　白陶和薄胎彩陶最為突出，代表了大溪文化較高的工藝水準。在白陶圈足盤上，通體飾有類似淺浮雕的印紋，圖案複雜精細。薄胎細泥橙黃色的彩陶單耳杯和圈足碗，胎厚僅一點五公分左右，繪以棕紅色的多種紋樣，顯得精美別緻。

　　屈家嶺文化是中國長江中游地區的新石器文化，因首先發現於湖北省京山屈家嶺遺址而得名。約距今五千多年至四千六百年。主要分布在湖北，分布地區以江漢平原為中心，西至三峽，東到武漢一帶，北達河南省西南部，南抵洞庭湖區並局部深入到湘西沅水中下游。

　　屈家嶺文化是一處以黑陶為主的文化遺存，文化面貌不同於中國新石器時期的仰韶文化，也與洞庭湖以南的幾何印紋陶差別較大。

　　屈家嶺文化陶器以手製為主，少量加以陶輪修整，燒成溫度九百度左右。器型有高圈足杯、三足杯、圈足碗、長頸圈足壺、折盤豆、盂、扁鑿形足鼎、甗、釜、缸等，蛋殼彩陶杯、碗最富代表性。

　　陶器大部分素面，少量飾以弦紋、淺籃紋、刻畫紋、鏤孔等。其中一部分彩陶及彩繪陶，有黑、灰、褐等色彩，紋樣以點、線狀幾何紋為主。

　　彩陶的繪製方法有特點，作筆有濃淡，不講究線條，裡外皆施彩。陶衣有紅、白等色，施加陶衣後用黑色或赭色彩繪出帶形紋、網格紋、圓點紋和弧三角紋。

　　另有較多的彩陶紡輪，其橫截面有橢圓形、長條形等，紡輪上先施米黃色陶衣，然後彩繪出漩渦紋、平行線紋、同心圓紋、卵點紋和短弧線紋。

　　屈家嶺文化的陶器圈足器發達，三足器較多，平底器較少，不見圜底器，器形有罐形鼎、高領罐、高圈足杯、薄胎杯、壺形器等。

　　石家河文化是新石器末期銅石並用時代的文化，距今約四千六百年至四千年，發現於中國湖北省天門市石河鎮。

　　其中，石家河文化鄧家灣遺址的個別地段，發現了大批小型陶塑，有的一座坑中竟達數千件之多。所塑有鳥、雞、豬、狗、羊、虎、象、猴、龜、鱉以及抱魚跪坐的人物等。這些小塑像集中於窖穴之中，有祭祀的味道。陶器大部分為黑色，不過也有不少紅色的陶杯和陶塑，是該文化的一大特色。

　　石家河文化陶器刻畫符號以象形符號為主，大多以簡練的筆畫勾勒出某一事物的外部形態，一件陶器上只有一個符號，而且絕大多數為單體符號，少數幾個為合體符號。

　　刻畫的基本筆畫為弧線和直線，或用少數未戳穿的圓形小戳孔。少到兩畫，多到十餘畫，主要是用某種材料製成的銳器在大口尊、缸的坯體上刻畫而成。溝槽較深，有些殘片往往沿溝槽斷裂，溝槽內的顏色與器表一致，筆道深粗均勻，線條流暢。

　　有些符號因刻畫較深，坯體燒乾後槽口張裂，其現存寬度往往大於刻時的寬度。高領罐等泥質灰陶小件陶器則是在陶器燒成後或是使用過程中刻畫而成，筆道淺細，刻畫處的顏色比器表要淺。

　　營盤山文化是發現於中國四川省阿壩州茂縣鳳儀鎮境內營盤山的一處新石器時期，距今五千五百年至六千年，該遺址是岷江上游地區發現的地方文化類型遺址中面積最大、遺存最為豐富的遺址，它代表了五千年前藏彝走廊地區文化發展的最高水準。

　　營盤山文化遺址中，發現了四川地區最早的陶質雕塑藝術品。而且在陶器中有相當數量的酒具類器物，如製作精美的彩陶壺、彩陶瓶、杯、碗等，據此推測營盤山先民可能已經掌握了釀酒技術並開始進行生產。

　　營盤山文化的陶器以平底器和小平底器為主，從陶質陶色來看，以夾砂褐陶、泥質褐陶、夾砂灰陶、泥質紅陶、泥質灰陶、泥質黑皮陶為主。

其中夾砂陶可分為夾粗砂和夾細砂兩種，以陶胎夾有顆粒粗大的片岩砂粒的陶片最具特色。其中彩陶器的器形有盆、鉢、罐、瓶等，彩陶均為黑彩繪製，圖案題材有草卉紋、變體鳥紋、蛙紋等。

河姆渡文化是發現於浙江省餘姚市河姆渡鎮金吾廟村，古老而多姿的新石器文化，主要分布在杭州灣南岸的寧紹平原及舟山島，為西元前五千年至西元前三千三百年。它是新石器時期母系氏族公社早期的重要的氏族村落遺址之一，反映了約七千年前長江流域氏族的情況。

河姆渡文化的陶器製作有一定的水準，最高燒成溫度達一千攝氏度。稻穗紋陶盆上印有稻穗的圖案，彎彎的稻穗圖案使人想像到，河姆渡時期的人們已經開始了水稻的栽培。

河姆渡早期陶系簡單，夾炭黑陶占絕對優勢。除磨平素面外，繩紋較多，刻畫的幾何圖案花紋和動植物圖案突出。主要器形有斂口或敞口肩脊釜、直口筒式釜、頸部雙耳大口罐、寬沿淺盤、斜腹盆、環形單把鉢、大圈足豆、盆形甑、塊狀體支腳等。石器種類少，一般磨製不精，斧、錛較厚碩，主要石器工具中未見穿孔者。

而到了河姆渡晚期，則夾砂紅陶、紅灰陶數量最多。前段的泥質紅陶外壁紅內壁黑，常施紅陶衣；後段的泥質紅陶表裡色澤一致，很少施陶衣。沿用繩紋，出現鏤孔紋飾。其他主要器形還有敞口雞冠耳釜、敞口扁腹釜、牛鼻耳罐、折沿罐、鏤孔豆、空腹傾斜體支腳。

較為特殊的陶器有陶灶和陶盉兩種。陶灶發明後，解決了木構建築內煮炊防火問題，是後世南方居民一直使用的缸灶的前身。而陶盉則被認為是古代的一種酒器。

河姆渡土「陶灶」通長五十五公分、通高二十五公分。夾砂灰陶。俯視呈鞋底形，火門上翹，橢圓形圈足。內壁橫安三個粗壯支丁，三丁分別置於兩側正好對稱，一丁置於後壁。兩側外壁安有一雙半環形與兩側支丁連成一體。

陶塤也是河姆渡的代表遺物，塤身呈鴨蛋形，中空，一端有一小吹孔，也是中國一種古老的樂器，只是河姆渡的陶塤只有吹孔而無音孔，可見它的原始。

馬家浜文化是發現於浙江省嘉興縣馬家浜的新石器時期文化。主要分布在太湖地區，約始於西元前五千年，距今有七千餘年的歷史。

馬家浜文化多紅色陶器，腰檐陶釜和長方形橫條陶燒火架爐箅是馬家浜文化獨特的炊具，但是馬家浜文化製陶業的發展還處於比較落後的階段。

崧澤文化屬於中國新石器時期母系社會向父系社會過渡階段的文化，距今約五千八百年至四千九百年，發現於中國上海市青浦區城東四公里的趙巷鎮崧澤村。

崧澤文化時期的製陶，在中國新石器諸文化中，可謂是進入了一個劃時代成就的時期。首先表現在開創了輪製陶器。

其前期，已採用泥條盤疊再加慢輪整修的製陶方法。陶器的器壁比較勻稱，可見到不很挺直的輪紋。但從中期開始，已運用陶輪快速旋輪、捏泥坯成型的製造技術，使器型規整，器壁勻薄，往往在內壁和內底遺留坯的旋痕。

同時，崧澤文化時期製陶是使用還原焰燒製陶器，由於陶器中的鐵元素是在充分供給空氣的環境下氧化燒成，而使陶器變紅。所以以紅陶為主是崧澤文化早期陶器的特色。

而崧澤文化陶器，除炊器仍為紅陶，其他器物多以灰陶為主，紅陶偶見。伴隨灰陶的燒製，還出現了一種灰胎黑衣陶。以往只知道烏黑發亮的泥質黑衣灰胎陶為良渚文化陶器的一大特色，但其實這類陶器在崧澤文化時期已經出現了。

崧澤文化的陶器不僅製造技術躍進，而且十分講究造型和裝飾，使人們感到濃厚的藝術氣息。

在一個灰坑內有一隻陶塑小肥豬。小豬憨憨的，披著一層很豔麗的紅彩，圓咕隆咚，肥頭肥腦，吻部短促，腹部圓滾下墜，四肢粗短，明顯是一隻已經被馴化、圈養的家豬，野性蕩然無存。

在河姆渡文化遺址中，也曾發現過一隻陶豬，但與崧澤遺址出土的小豬相比，形態瘦瘠，吻部前拱厲害，頭部狹長，前軀的比例大於後軀，「狼奔豕突」的野豬特徵還保留不少。

家豬從河姆渡文化到馬家浜文化發生的變化，證明了人類馴化和改良動物的能力有了很大的進步。

良渚文化遺址發現於浙江省杭州市餘杭區，實際上是餘杭的良渚、瓶窯、安溪三鎮之間許多遺址的總稱。屬於新石器時期，約為距今五千三百年至四千兩百年前，分布的中心地區在太湖流域，而遺址分布最密集的地區則在太湖流域的東北部、東部和東南部。

良渚文化發展分為石器時期、玉器時期和陶器時期。陶器以夾細砂的灰黑陶和泥質灰胎黑皮陶為主。輪製較普遍。一般器壁較薄，器表以素面磨光的為多，圈足器、三足器較為盛行。

典型器皿有魚鰭形或斷面呈丁字形足的鼎、竹節形把的豆、貫耳壺、大圈足淺腹盤、寬把帶流杯等。柱足盉、高圈足鏤孔豆、高頸貫耳壺等。陶胎細軟，大多輪製。表面打磨，燒後呈黑色光澤。造型規整。紋飾線條纖細工整，以幾何形紋為主，有弦紋、竹節紋和各種形態的鏤孔紋等，並出現有彩繪陶，在薄而黑或黃黑色陶器上繪以棕紅或黃色紋樣。

馬橋古文化發現於上海市閔行區馬橋鎮東俞塘村，但特指的是位於馬橋文化遺址中層的新石器末期文化，為太湖地區的一個典型遺存。

馬橋文化遺址的遺物中的陶器如觚、觶、尊、豆、簋、瓦足盤以及拍印的雲雷紋等特點，與中原地區河南偃師二里頭、鄭州二里崗的夏商文化有緊密的聯繫，其年代應相當於夏商時代。

馬橋文化陶器有三大陶系。夾砂繩紋或籃紋紅陶約占四分之一，器形主要是鼎足，有凹弧形、圓錐形和舌形三種。其次為甗和釜，甗是連成一體的甑和鼎的組合，炊器中鬲一件未見。

呈各種陶色的印紋陶約占百分之四十，紋飾有脈紋、籃紋、席紋、方格紋、回字紋、雲雷紋等，器內壁都留有填印窩；底部都是圓底內凹，有折沿弧腹的罐和盆、帶圓把的杯和鴨形壺等器形。

在這些器物的唇沿上，有的有一個或數個相同的刻畫符號。灰陶、黑衣陶和黃衣灰陶，約占百分之三十三。都是平底或圈足器，器唇以素面為主，有的在肩腹部壓印一條帶形的雲雷紋或魚鳥紋。

上列各陶系陶器的製法，前兩種為泥條盤築法加輪修，後一種為輪製。

跨湖橋文化發現於浙江省蕭山縣，有著八千年的歷史，它將浙江的文明史整整向前推進了一千年。

湘湖地區的跨湖橋文化遺址中，以釜、鉢、圈足盤、罐為代表的陶器群，不見於江南其他新石器遺址的特殊性器物如線輪等，都說明了跨湖橋文化類型的獨特性。其中出土的陶器，甚至比晚了一千年、百里之外的河姆渡更為先進。

長江流域新石器時期的陶器發展迅速、成熟，與黃河流域爭奇鬥豔，平行延貫又交流融合，成為當時中國陶器文化的主體部分。

閱讀連結

長江流域和黃河流域同為中華民族文明的發祥地，但兩者的地域文化風格卻非常不同：黃河流域古樸、豪放、深厚；長江流域卻是細膩、優美、精巧。

這種風格差異反映在陶器上，長江流域各文化遺址出土的陶器與黃河流域相比，有較大不同。長江流域的陶器，圈足器和三足器較多，素面磨光器物較多，動植物紋飾較多，彩陶數量較少。

在實用的基礎上追求一種整齊、穩重、沉靜的藝術效果，表現出特有的審美傾向。

南北地區新石器時期陶器

■魚鳥紋彩陶壺

新石器時期的文化除了長江、黃河流域這兩個最重要的地區之外，還包括其他地區，東南地區、西南地區和東北地區。

東南地區新石器時期的陶器文化範圍，包括江西、福建、台灣、廣東和廣西諸省，基本上可分為早、晚兩個階段。

早期文化的遺址有江西省萬年仙人洞，廣東省英德青塘、冠山滑岩洞和廣西桂林甑皮岩、馬蘭嘴山、杯較山、石尾山、海角山等處。

以繩紋粗紅陶為主要代表，質地較粗松，具有明顯的原始特徵。紋飾除了繩紋，還有劃紋、篦點紋、見齒紋、指甲紋和籃紋等。

東南地區晚期文化較早期豐富，質料種類增加了泥質紅陶、灰陶和黑陶；紋飾種類增加了頗具特色的幾何印紋。

萬年仙人洞位於江西省萬年縣大源鄉，是一點四萬年前新石器時期的古文化遺址，這裡竟然發現了兩萬年前世界最早的陶器碎片。

甑皮岩文化是發現於廣西壯族自治區桂林獨山西南麓洞穴的新石器時期早期文化，年代為距今一萬年至七千四百五十年。

甑皮岩文化的遺蹟、遺物，依地層和文化特徵可劃分為五期，由此可勾勒出西元前一萬年至五千年間桂林原始文化陶器的發展軌跡。

在第一期發現一件破碎的捏製素面夾粗砂陶容器，是中國發現最原始的陶容器實物之一，年代在西元前一萬年至九千年。

在第二、三、四期的陶器大部分用泥片貼築法制坯，露天堆燒法燒造，顯示出西元前九千年至六千年間桂林陶器製造技術的發展。

第五期進一步出現用慢輪技術修坯的泥質陶器，紋飾除傳統的繩紋、籃紋等編織紋外新出現式樣繁多的刻畫紋、戳印紋、捺壓紋，如干欄紋、水波紋、曲折紋、網格文、弦紋、乳釘紋、箆點紋、附加堆紋等，器型富於變化，有罐、釜、盆、鉢、圈足盤、豆、支腳等器類。

鳳鼻頭文化分布於台灣中南部海岸與河谷地區，跨越分布在台灣島西海岸的中南部，自大肚山起向南到台灣島南端及澎湖列島。年代為西元前兩千五百年至西元一六〇〇年左右。其典型代表是高雄縣林園鄉鳳鼻頭遺址。

鳳鼻頭文化紅陶質地細膩，不含粗砂，色澤橙紅或深粉紅。橙紅的多磨光，深粉紅的多未經研磨。從製作工藝看，多以泥條或泥環盤結疊築，外面抹平。

陶器紋飾有繩紋、席紋、刻畫紋和附加堆紋，個別陶片上還繪有深紅色的勾連形圖案或平行線。

陶器的器形主要有碗、盆、壺、瓶、罐、鼎等。這些紅陶酷似中國大陸東部沿海的原始文化遺存。

如果將鳳鼻頭文化與中國青蓮崗文化，特別是較早期的青蓮崗和馬家浜文化中的紅陶陳列在一起，人們會驚異地發現：海峽兩岸，原來竟是一群「同胞姐妹」。所不同的，只是來自鳳鼻頭的一群更「年輕」一些。

第二期以素面和刻紋黑陶為主要特徵，廣泛分布於台灣中南部各地。代表性的遺址有台中市營埔、南投縣大馬璘、台南市牛稠子貝丘、高雄市大湖貝丘、桃仔園貝丘以及鳳鼻頭貝丘的第三、四層等。

從遺址的分布與遺存看，這種黑陶文化所使用的自然資源要比紅陶文化為廣：

其一，黑陶文化的遺址不僅分布於海岸和河口的台地，而且伸入了河流的中游地區與高地。

其二，黑陶文化遺址多有貝丘，說明這個時代的住民，對自然資源利用的規模，比上一期有顯著擴大。

其三，黑陶文化在島內各地的變異較大。儘管名之為黑陶，在同一風格之下，卻還有紅陶、橙黃陶、彩陶、棕陶等各種形制。

這種變異應視為各遺址住民對本區域特殊資源的充分開發和利用所致。黑陶文化的標誌性器物是各遺址均有發現的黑皮磨光陶。

該陶通體打磨、光澤黑亮、質硬胎薄。最薄的僅兩三公分。顯示了較高的製作水準。黑皮磨光陶以輕便和單位容量大而著稱。

另外，在製作技術方面，黑陶文化中首次顯示了使用慢輪修整的痕跡，這對於台灣來說是一個不小的進步。

鳳鼻頭文化第三期以印紋和刻畫紋灰黑陶為主要特徵，約在西元初年至十六七世紀之間，由於年代的晚近和漢文化的大量湧入台灣，這一期的原始文化遺存大都被近現代文化的潮水淹沒了。

從已知的出土陶器看，其特徵為：灰、黑幾何印紋陶，以方格紋為主。這種陶器不僅與華東青蓮崗、福建曇石山出土的幾何印紋陶屬於同一類型，而且在中國江南地區分布極為廣闊。

幾何印紋陶的創造者是古越族，越族第三次大舉赴台是西元前一一〇年以後的事情，這一時間與鳳鼻頭第三期文化的考古年代大致相合。而且很有可能，渡台之後的越人與大陸越人始終保持著經常的聯繫，這種民族交流必然促進文化的交流。

西南地區包括四川、貴州、雲南和西藏自治區，其中，四川的陶器文化較為發達，雲南和西藏也具有一定水準，只是貴州發現的比較少。

　　白羊村文化發現於雲南省賓川縣城東北的金牛鎮桑園河東岸白羊村，是中國西南洱海地區的新石器時期文化，距今約四千兩百年至四千一百年。

　　白羊村文化多產夾砂褐陶，陶質疏鬆，胎壁較厚。均為手製，採用泥條盤築法，製陶工具有陶墊，骨抿、陶支架、石印模等。器形獨特，有罐、鉢、缸、帶流器等，肩、腹部常飾以變化豐富的劃紋、繩紋、點線紋、剔刺紋、乳釘紋、附加堆紋、印紋、線紋等，印紋包括篦齒紋、圓圈紋、斜方格紋。

　　西藏北部的那曲、西部的阿里和南部的聶拉本等地，也發現有新石器時期陶器文化的遺址，主要是粗、細夾砂陶，陶色有紅、黑、灰三種。均為手製，採用泥條盤築法、手捏法或模製法，製作較粗糙。器形簡樸，只有罐、盆、碗、盤等。紋飾種類極少，多為繩紋或幾何形劃紋。

　　北方地區的陶器文化，統稱為「細石器文化」，它的遺址遍布中國的東北、內蒙古、寧夏、甘肅等地，由於陶器的發展受當時經濟生活的影響和限制，因此，在農業經濟較發達的地區，陶器數量和品種都較為豐富多樣，在漁獵畜牧經濟為主的地區較為稀少寥落。

　　其早期文化包括興隆窪文化、新樂文化、小珠山文化、趙寶溝文化、左家山文化，以興隆窪文化為典型。

　　興隆窪文化以內蒙古自治區敖漢旗興隆窪遺址命名，此時期陶器均為手製，只有夾砂陶，陶色主要為灰褐、黃褐，陶質疏鬆，火候較低。典型器形為筒形罐，也有鉢、罐等。多飾以數種紋飾組成的復合紋，戳印坑點紋等，有交叉紋、網格紋。豎壓橫排「之」字形線紋。

　　「新樂文化」是中國北方地區的新石器文化，因遼寧省瀋陽北郊區新樂遺址的下層遺存而得名，又稱新樂下層文化。該發現把瀋陽城的歷史推進到七千兩百年前的新石器時期，為西元前五三〇〇至西元前四八〇〇年。這一文化已成為瀋陽地區史前文化典型代表和歷史源頭。

　　新樂文化出土的陶器多夾砂紅褐陶，火候較低，陶質疏鬆，並常飾有壓印的「之」字形紋和弦紋等，種類有直口筒形深腹罐、鼓腹罐和斜口簸箕形器等。

其中的代表斜線紋高足鉢，高十二點三公分，口徑十九公分，底徑六點五公分，紅陶衣、高足，通身飾以抹壓斜線和網格紋，是新石器時期的盛食器。

從新樂遺址中的一些陶質斜口器中，也都有反覆被火燒過的痕跡。這樣的斜口器在中國同時期的文化遺址中是不多見的。可能斜口器是新樂人在房穴中存放火種時所用的。也許斜口器還造成後來火爐的某些作用，如果假設成立的話，這可能就是人類最早的火爐了。

趙寶溝文化是發現於內蒙古自治區敖漢旗趙寶溝村北的新石器時期早期文化，距今六千八百年左右，略晚於興隆窪文化而早於紅山文化。

趙寶溝文化最著名的代表是陶器，陶器中以筒形罐、橢圓形底罐、尊形器、鉢和碗為多。陶質多為夾砂褐陶，手工製作。主要紋飾有擬像動物形紋、抽象幾何形紋和「之」字形紋。

其中，在小山遺址中的一件尊形器上，發現了非常珍貴的豬首龍、鹿首龍和高冠神鳥圖繪。該尊形器直領圓唇，腹部扁鼓，下接假圈足，器表打磨光亮平滑，飾有極其精美的飛鹿、豬龍和神鳥等靈物圖案。

器中飛鹿肢體騰空，背上生翼，長角漪目，神態端莊安詳；豬龍為豬首蛇身，尖吻上翹，巨牙上指，眼睛細長，周身有鱗；神鳥奮翼沖天，巨頭圓眼，頂上生冠，長嘴似鉤。這三種靈物都引頸昂首，首尾相接，凌空翻飛。

另外，在南台地遺址的一件，腹部飾有兩隻鹿紋，也是首尾相銜，作凌空騰飛之狀，後部好像魚尾，尾上三角處，有一半圖形圖案，外圍有一圈向心射線，有如一輪金光四射的太陽。

在軀幹和四肢部位，有精心刻畫的細網格紋，兩格之間僅距一公分，完全等距，十分準確精緻，令人嘆為觀止。

趙寶溝文化遺址中有一件帶神鳥紋的陶尊，被譽為「陶鳳杯」。陶鳳杯上的鳳頭冠、翅、尾與中華傳統的「鳳」極為接近，已經將鳳的特徵完全顯現，這在史前文物中還是首次發現，被譽為「中華第一鳳」。

趙寶溝文化磨光陶尊上的動物靈物圖案，在某種意義上又可以視為中國最早的龍鳳呈祥圖案。豬首蛇身尊形器是中國發現最早的中華龍崇拜的實證之一，說明內蒙古地區也是中華龍起源的重要發祥地。

北方地區中期文化以紅山文化為代表，紅山文化距今五六千年，是在燕山以北、大凌河與西遼河上游流域活動的部落集團創造的農業文化，它因發現於內蒙古自治區赤峰市郊的紅山後遺址而得名。

紅山文化的陶器有泥制紅陶、夾砂灰陶、泥制灰陶和泥制黑陶四類。飾細繩紋、刻畫紋和附加堆紋，由細繩紋組成的菱形回字紋已初具雷紋特徵。器物為夾砂灰陶直筒罐類、鉢盆和鏤空豆類、壺類以及器座、盂、尊、雙耳大口罐型器。晚期出現大平底盆，大敞口折腹淺盤細柄豆，並出現有彩繪陶。

紅山文化的一個陶罐，高三十七公分，口徑十六公分，底徑十公分，此罐為泥質紅陶，整體接近豎向長圓形，乍看如直立蛋狀，口微斂，方唇，粗頸，深腹近底部稍鼓。內凹小平底。

口至腹中部間用黑彩繪對稱的四片魚鱗紋，每片以一豎條為中心，自裡向外繪六條同心橢圓紋。器型優美簡潔，為紅山文化常見的風格。

還有一件紅山文化彩陶器座，高十九公分，泥質紅陶，圓筒形，自上而下逐漸收攏，口沿外翻，圈足。器身用黑彩繪四組魚骨刺圖案，均只半邊，底邊緣繪三角形與數條豎紋相隔，裝飾諧調，富有韻律感。

北方新石器文化晚期以小河沿文化為代表，還有北溝文化、阿善文化、紋器文化等。小河沿文化以夾砂陶為主，少量泥質陶，陶色種類分褐、紅、灰三種，器形有甕、罐、尊等飾。器表多施拍印的菱形細繩紋和斜方格紋，其彩陶花紋與大汶口文化很相似。

閱讀連結

西元二〇〇九年，江西省文物考古研究所專家與北京大學、美國哈佛大學學者，在重新清理出來的考古地層剖面上採集樣本，對仙人洞出土的一個大陶碗碎片，用目前測定年代最先進的方法——碳十四定年法進行檢測，確

定仙人洞遺址出土陶器年代可以提早到距今兩萬年前，比此前在東亞各地發現的最古老陶片還要早兩百年至三百年。

美國《考古》雜誌在西元二〇一三年一期評選出西元二〇一二年度世界十大考古發現，中國江西萬年仙人洞遺址發現的兩萬年前的陶器入選。

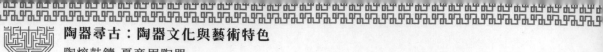

陶熔鼓鑄 夏商周陶器

　　夏商周三代的陶器品種多樣，大致可分為白陶、灰陶、黑陶、紅陶和原始陶等。

　　夏朝燒製灰黑陶器的數量最多，同時也燒製胎質堅硬細膩的白陶器。

　　商代灰陶數量最多，另有少量的泥質紅陶，而黑陶、黑衣陶已很少見。

　　西周陶器仍以灰陶為主，黑陶和白陶到西周後期已經不見了。到戰國中後期，灰陶大型器開始大量出現，它標誌著當時製陶工藝的進步。

■以夾砂灰陶為主的夏代陶器

■夏代黑陶器物

大約距今四千多年以前，居住在黃河中下游中原地區的夏族部落，已由原始氏族社會進入階級社會，由夏禹的兒子啟創立夏朝。

經過新石器時期幾千年的漫長積累，陶器工藝在夏代獲得了長足的進步。

豫西的偃師二里頭、晉南的夏縣東下馮、內蒙古的夏家店以及山東的岳石地區等夏代遺址中發現了大量灰陶。無論是作為衣食住行的日常生活用品，還是作為祭祀與權力象徵的宗教禮儀用品，其器型的實用性和審美形式感相得益彰，紋飾在繩紋的基礎上出現了極具想像力和抽象思維的動物紋和文字刻符，藝術風格也開始走向幽冷神祕和莊嚴沉重，從而彰顯了夏代灰陶的審美特徵。

夏代先民繼承並發展了新石器時期晚期的黑陶、灰陶工藝，在陶料的挑選、陶模的成型、器表的裝飾、陶器的最終燒成等方面取得的進步，為夏代灰陶的審美造型奠定了堅實的基礎。

他們的審美形式感和審美理想首先在陶器的造型中得到了審美的物化，從而形成了一批獨具時代特徵、形象鮮明的夏代陶器。

在二里頭文化中不見河南龍山文化中常見的斝、帶把鬲、帶耳罐、杯、碗和雙腹盆，而獨自形成了類型多樣、特徵鮮明的器物群，炊器有鼎、鬲；食器有盆、豆、簋、三足盤；儲盛器有大口尊、甕、缸、圜底盆、斂口罐和汲水罐；酒器有壺、盉、觚、斝、爵、角和杯，陶器製品的器形得到進一步豐富，其審美形式感也得到進一步加強。

夏代的日常生活和宗教禮儀陶器，是與當時社會的政治、文化和生活緊密結合在一起的，審美造型的設計與其特定功能搭配得自然和諧。

夏代陶鼎，其造型由渾圓的鼓腹變為方形腹，顯得寬博而厚實，其外侈的三足也演變為柱形的四足，顯得對稱而穩定。顯然，陶方鼎的出現，打破了圓腹三足的一貫模式，其實用功能明顯減退，審美的形式感顯現無疑，使整個器形顯得厚重而莊嚴，禮儀性逐步占據主要地位。

陶罐的演變主要體現為造型的設計趨於美觀和繁複，形式美更加突出，如敞口鼓腹陶罐，罐體的腹部向外突出，呈扁圓之狀，顯得飽滿而凝重。圓腹罐的口沿下還附加一對雞冠形鋬，斂口罐形鼎的肩部也有類似的對稱式雞冠耳。這種仿生式的造型來源於自然美，但又形成了一種比自然美更集中、更典型的形象。

再如夏代瓦足皿，主體部分似一平底盤，下承三個瓦足，雖然其質料只是常見的泥質灰陶，其盤、足和其他器物的盤、足也別無二致，但二者搭配後的整體造型放在陶器群中卻極為搶眼，於樸素中見精巧，於自然中見別緻，是極具特色的一種盛放器皿。

另外，夏代先民在農業生產的基礎上飲酒之風漸開，發現了大量的陶質壺、盉、觚、斝、爵、角和杯等酒器。酒器數量眾多，酒器的器型多樣，構成了夏代陶器的另一個顯著特徵。

夏代的白陶盉，質地細膩堅硬，其造型挺拔秀麗，腰部纏附兩道凸棱，腰下三足間各貼一顆泥丁，鋬與腹之間有兩根小圓柱，既利於支撐盉鋬，又利於手執時控制其前傾度，既滿足了審美的形式感，又實現了本身的實用性。

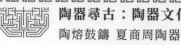
而白陶鬶則以三個豐滿的乳狀袋足來代替鬶腹，這種造型處理既增加了容量，又可使受熱均勻，並且其微侈的口和高聳的流嘴，使受水和水肉也更加便利，功用和造型搭配自然。

陶盉為酒器。淺灰色，泥質陶製成。下有三個袋狀空足，一側有一柄，也是二里頭夏文化典型的陶盉形制。為了使器物獲得一種穩定的均衡感，在有塔的一側，器身略為內傾，而在另一側，器身則略向外凸。整個器物，造型均衡，表面光滑，製作精良。

儘管夏代陶器器型如此多樣，但是其整體造型基本呈現為兩種類型：

一類以實用為主，保留了新石器時期容器的基本造型，多為烹飪器。

另一類則將容器的外形製作成鳥獸的形貌，或以浮出器表的立體動物造型作為主要裝飾手段，完全肖形地模擬真實動物特徵或採用想像虛構的動物形象。這類器物多為水器和酒器，一般有流有足，很容易激起人的想像力，將有頭有爪的鳥獸形象與之融為一體。

壺式盃上塑一象鼻式管狀流，造型別緻。夏家店下層文化陶鬶吸收了龍山文化陶鬶的象生造型；夏代鴨形陶器的器腹呈鴨形狀，敞口短頸。這些鳥獸的嘴部象形地製成了陶器的「流」，其身軀則為陶器的腹部，腿腳成了穩定陶器重心的足，而其尾部則成了供提取用的手鋬。

這樣的造型設計，已遠遠超過了其實用功能的考慮，在象生的模仿中得以審美化了，而且還蘊含了巨大想像張力的形式美，成為夏代先民們審美能力的具象闡釋，成為意蘊豐富的「有意味的形式」。

紋飾及圖案樣式的構成和變化，要比其器皿造型的變化顯得豐富和複雜得多，夏代陶器紋樣裝飾在形象鮮明的審美造型基礎上，也呈現出多樣性和複雜化的審美風貌。

以二里頭文化陶器紋飾為例，大多以粗或細的繩紋為主，兼具加固器體和增加美觀的雙重作用；還有一些是素面磨光，或在磨光陶器的表面用陶拍捺印出籃紋、弦紋、方格紋印紋、雲雷紋、圓圈紋以及花瓣紋等多變的紋樣。

同時還盛行在陶器表面加飾數周附加堆紋，進一步豐富了陶器紋飾的多樣性和審美性。

另外與玉器、青銅器相比，陶器的可塑性比較強，所以夏代一些陶器上還飾以淺刻的龍紋、蛇紋、魚紋、蝌蚪形紋、饕餮紋和人像紋等，刻工精細，意蘊深刻，極具時代特徵。

這些粗放的線條、多變的紋樣，無不蘊含著夏代先民在精神上的某種寄託，無不傳達著他們樸素而神聖的審美追求。

夏代陶器從功用上來說，主要是為了滿足先民的日常生活所需，飲食類陶器占大多數，追求美食和美器的和諧統一自然成為夏人製陶藝術內在的審美追求。

所以，儘管夏代灰黑色的陶器沒有像彩陶那樣豔麗、豐富的色彩和整體圖案的裝飾，但陶工們卻能因材施藝，充分挖掘灰陶本身在色澤和紋飾上的審美可能性。

他們利用成形過程中輪子的飛速旋轉，在造型各異的陶器器表嫻熟地刻畫出古樸的繩紋、籃紋和具有寫實意味的魚紋、鳥紋，以及抽象的幾何紋、花紋等。

紋飾生成方法的提高，使得這些紋飾與陶器造型的搭配顯得更加規整嚴謹而又充滿節奏感和韻律感。裝飾紋樣一般都飾於陶器的口沿或腹部，如圓腹罐、深腹盆、甑等器的口沿飾以花邊裝飾。

夏代陶工常在陶豆的盤腹上飾以粗細相間的弦紋，而在其高柄足上鏤孔，並間或刻畫出纖細的菱形紋帶和雲雷紋，從而使整個陶豆的紋飾組合既極富形式美感，又滿足了先民心理上的某種希冀。實現了陶器在造型、紋飾和功用上的高度統一和陶器紋飾風格的審美轉型。

此外，夏代的一部分飲食類陶器還形成了一些其他的紋樣形式。如斂口罐形鼎，其紋飾十分奇特，通體飾繩紋，又飾粗細適度的附加堆紋，構成三組圖案完全相同的塿垎狀花紋，構圖嚴謹，紋樣新穎。

還有一件夏代陶鼎，其腹部飾以方格紋，三足的外側有啜印的附加堆紋，其紋飾風格與一般陶鼎的通體籃紋迥異，開始追求美食與美器的和諧性，方格紋是二里頭文化的陶器紋飾之一。

同時，夏代也有一部分陶器與很多玉器、青銅器一樣，承載著禮儀的功能。其紋飾一方面賦予了陶器外在形式的瑰麗，另一方面又承載著特定的文化意味和精神特質，成為夏代先民宗教崇拜和統治權力的象徵，這突出地表現為灰陶上的動物紋飾。

新寨二里頭一期文化遺存中發現的陶器蓋上的饕餮怪獸紋飾，其饕餮獸面額主體為近方圓形，蒜頭形鼻略近心形，長條形鼻梁，上刻四條兩行相隔較遠的平行陰線，近臣字形縱目，高豎弄彎月眉，夾圓三角形三耳，兩腮有鬢至耳附近，吻較長，兩側有雙陰線勾帶內彎，與中間的嘴構成類嘴之形。

如此恐怖而神祕的紋樣與夏王朝專制統治的權威是相適應的，後來逐漸發展成二里頭玉柄形器上的饕餮圖案，甚至發展成為早商及其以後青銅容器的主要紋飾。

此外，二里頭遺址的一陶片上還出現了刻畫的龍紋，一頭雙身，頭朝下，眼珠碩大外凸，在線刻龍紋的線條內塗有硃砂，眼眶內被染成翠綠色。

如這件刻龍塗朱的陶器，應為祭祀的神物，而非現實的日常生活用具。

夏代一透底器的外壁也塑以盤龍形象，龍身刻畫菱形紋，底部為雷紋。夏代陶器中龍紋裝飾的大量出現充分證實了《列子》所言夏後氏「人面蛇身」、帝孔甲「御龍以登天」的神話傳說，以及夏人常以龍為化身和以龍為族徽的社會習俗。

夏代陶器上還有一種特殊的紋飾，即規整的文字刻符。隨著原始理性思維的進一步發展，夏代先民日益注重陶器裝飾的抽象寫意式發展，甚至將某種具象圖案轉化成定形的刻畫符號，二里頭遺址出土的大口尊的口沿、肩部上就一共發現有二十多種符號和陶紋，其筆畫和結構與甲骨文甚為相似。

夏代先民們已經不滿足於對自然實物乃至想像動物的簡單再現，而開始依據自己的審美感覺對其加以再創造，用簡約的線條將其抽象化、定型化。

這些文字刻符已經不再只是陶器上簡單的裝飾了，而且在某種程度上就是成型的文字，甚至就是極具審美意蘊的中國書法的濫觴。

在這些抽象的文字符號中，或許還摻雜著先民濃烈的宗教觀念，加之那種奔放無羈的個人抽象思維的注入，使先民的記事方式以及巫術、宗教信仰得以象徵寫意式的實現。

由此可知，中國早期的文字，不僅是作為記錄思想和語言的工具，而且很早就當作獨特的藝術形式處理的。所以夏代陶器上規整的文字刻符，從其誕生起就將感性的形式美和理性的抽象美有機地統一了起來，為陶器的裝飾藝術開闢了一個全新的領域，並為後來青銅銘文藝術的出現作了一定的思維鋪墊。

夏代陶器在燒成工藝上有些進步，出現了能產生更高溫度的饅頭窯：窯室呈圓形弧壁，並向上逐漸收斂，封頂隆起形似饅頭，故名。饅頭窯可以提高陶器的燒成溫度，陶器的質量得以提高。

三星堆文化是夏代人的一支從長江中游經三峽西遷成都平原，征服當地土著文化後形成的，同時西遷的還有鄂西川東峽區的土著民族。三星堆文化中的陶器封口盉、鬶、觚、高柄豆等都與夏文化有淵源關係，而且後者是源，前者為受後者影響所致。

三星堆文化中典型的器具有陶鏤空圈足器、陶尊形器、陶小平底罐、陶鳥頭勺把、陶高柄豆、陶瓶形杯、陶盉、陶高領壺、陶單耳杯、陶三足炊器等。

其中最有特色的是陶鳥頭勺把，這個器具在國內其他地方未見有記載，鳥頭形象頗似魚鳧，即魚鷹，此器不僅僅是生活用品，而是具象徵意義的一種器物，當與祭祀活動有關。

閱讀連結

夏王朝的顯著特徵是崇尚武力，重視征戰，王權統治空前強化。夏代陶器作為其社會風尚和審美意識的實物載體，無疑也打上了時代的烙印，無論造型設計還是紋飾構圖，均形成了莊嚴與沉重並存的藝術風格。

夏代灰陶在造型結構方面，傾向於穩重而厚實的直方形結構，在紋樣裝飾上則講究對稱、規整，由早期生態昂然和流暢自如的寫實和象生紋，逐漸演變為中後期莊嚴沉重的想像動物紋和抽象幾何紋，並且特別突出了兇殘神祕的獸面紋，其蘊涵的權威統治力量也明顯加重。

如夏代陶鼎，四足深腹，厚實凝重。從總的趨向看，陶器紋飾的美學風格由活潑愉快走向沉重神祕，確是走向青銅時代的實證。

以白陶為特色的商代陶器

■商代陶卣

進入商代之後，各種器物的製作工藝漸進漸繁，開始設置分工之制，將工藝分為六種，即土工、金工、石工、木工、獸工、草工。土工是專於製造陶瓦之器的，在六工之中以土冠首。

商代早期以泥質灰陶為主，夾砂灰陶較夏代為多，有少量紅陶、棕陶和白陶，而黑陶、黑衣陶已很少見。

在河南省安陽小屯發現的商代灰陶男女奴隸像，高五點五公分至六點一公分不等，共三件。盤發戴枷，男像枷手於背後，女像枷手於胸前，非常傳神。

商代早期陶器的品種較夏代已經明顯增多，燒成溫度和質量也有提高，主要器形有：炊器類的鼎、罐、甑、鬲。鬲逐漸代替鼎而成重要炊器。飲器類的觚、爵，食器類的豆、簋、三足盤，盛器類的甕、盆、大口尊缸等。大口尊、圈足盤、簋是新出現器形。

這時期陶器紋飾以印痕較深的繩紋為主，約占八成以上。另有少量磨光素面，及磨光面上拍印的雲雷紋、雙鉤紋、圓圈紋，附加堆紋的運用已較前大為減少，也開始出現一些動物形象和幾何圖案。

浙江省紹興縣鑒湖鎮坡塘苗山發現的商代印紋陶甕，口徑二十五公分，高四十二公分，是盛貯用的容器。卷沿，短頸，溜肩，肩部堆貼四鑿系，圓底內凹。頸部飾有弦紋數周，通體拍印席紋，紋樣雜而不亂，富有一定的條理感，具有江南地域特徵。灰白胎，胎壁不均勻，是泥條盤築法成形，並且燒造溫度較低，屬印紋硬陶。

商代的一個重要陶器品種是建築用陶，產生了中國最早的建築用陶器陶水管。建築用陶不僅增加了商代陶器的品種，而且從根本上改進了中國建築面貌，為中國獨特建築風格的形成奠定了基礎，同樣具有深遠的歷史意義。

商代早期的建築用陶水管是作為宮殿群排水用的，是一種一端粗、一端細的圓筒形管，一般長約四十公分，直徑約十四公分，壁厚約一點二公分，表面飾有細繩紋。管較細的那端有約十五公分一段的繩紋被抹去，便於與另一管較粗一端套接。

商代中期，製陶技術進一步得到提高，包括灰陶、白陶、印文硬陶器、原始瓷器。以泥質灰陶和夾砂灰陶最多，約占同期陶器總數的百分之九十以上，另有一些夾砂粗紅陶、泥質黑皮陶、泥質紅陶，白陶的數量占陶器總量的比例仍很小，但較商代早期有所增加。

河南省鄭州商城遺址是中國最大的一處商代中期遺址，在其西牆外發現一處燒製陶器的手工作坊遺址，分布面積約達一萬多平方公尺，其中有十幾座殘破的燒陶窯爐，顯然是窯爐的集中場地。

另外還發現有經過淘洗的陶泥原料，製造陶器的用具和帶有方格紋的陶印模。這些說明商代已有專門的陶器手工作坊。

商代中期陶器的口沿以卷沿為主，陶器底部以圜底為多，袋狀足次之，圈足器較少。器形主要有：作炊器的鬲、罐、甑，作飲器的爵、觚、杯，作食器用的簋、豆、鉢、鼎，作盛器的盆、甕、大口尊、罐、壺等。

在造型上，商代中期陶器口部折沿基本不見，多為卷沿，底部主要是圜底和袋狀足，圈足器增多，平底器大為減少。商代中期陶器的紋飾，繩紋所占比重更大，幾乎達百分之九十八。

陶器上的紋飾，無論題材內容和表現手法，都強烈地反映著當時人們的審美觀念和情趣，有鮮明的時代風格和特點。商中期在製作精細的簋、豆、盆、罐、壺、甕的腹部、肩部、圈足上，常有由圖案紋飾組成的帶條。

主要紋飾有：夔紋、饕餮紋、方格紋、人字紋、花瓣紋、雲雷紋、渦漩紋、曲折紋、連環紋、乳釘紋、蝌蚪紋、圓圈紋、火焰紋等。

其中以饕餮紋組成的帶條最多，一般是三組饕餮紋構成一個條帶。饕餮紋在陶器上大量拍印，僅在商代中期最為盛行，到商代後期就很少見到了。

陶製雕塑在商代早、中期開始盛行，以動物形狀為主。在河南的商代遺址中發現有陶龜、陶羊頭、陶蛤蟆、陶虎、陶魚、陶豬、陶人座像和陶鳥等雕塑品，形象生動逼真，其中以陶龜數量最多。

陶蛤蟆不僅姿態生動，而且在背上還印刻有密集的小圓圈紋，以顯示蛤蟆背部的特徵。

陶塑的陶羊頭，雙角向前彎曲，眼、鼻、口生動逼真，可以非常清楚地看出一個綿羊的形象。

鄭州商代遺址中的一件陶虎作伏臥狀，雙眼圓瞪，口張牙露，顯示著虎的凶暴形象；另外有一件陶魚，滿身飾形象逼真的鱗紋。

在甘肅省東部發現了陶塑人頭，人頭型雕塑品，有單獨圓雕人像，也有將人頭作為器物的裝飾。這些人像五官端正，比例恰當，神情生動。這種簡練傳神的藝術手法，在以後的陶瓷雕塑中得到繼承和發展。

商代中期的白陶，在中國南北方的不少文化遺址中都有發現，以安陽殷墟數量最多，其燒成溫度和質量都有提高。而起源於江南地區和東南沿海一帶的印文硬陶器，在製陶手工業的工藝技術不斷提高的基礎上，也有了很大的發展。

河南省安陽商都遺址發現的白陶幾何紋瓿，高二十公分，口徑十八點五公分，足徑十五公分。瓿唇口外卷，溜肩，鼓腹，腹下漸收，近足處外撇，圈足。通體雕刻紋飾，以精細的迴紋作地襯托幾何紋，主次分明，錯落有致，顯得特別莊重精美。

河南省鄭州發現的一件白陶豆，高十三公分，口徑二十二點五公分。泥質白陶，上部為盆形，侈口，圓底，下連高圈足。器身遍布精緻的雲雷紋和圓形連續圖案，間或飾以凸弦紋，錯落有致，風格高雅。造型端莊凝重，為白陶中之珍品。

商代陶器在燒成工藝上有很大提高，饅頭窯是主要的窯型。在江南地區新出現一種比饅頭窯更為先進的陶窯，稱為龍窯。

在浙江省上虞，江西省吳城均發現了商代龍窯。這種窯一般依山勢建在山坡上，窯身呈長條形傾斜砌築，外觀上形似一條龍從下而上，故名龍窯。

龍窯比起橫穴窯、豎穴窯、饅頭窯來，有多種優點，因為依山而建並呈傾斜向上的窯爐本身就有自然抽力，所以窯爐火勢大，通風力強，升溫快。

人們可以根據生產需要和技術條件，增加窯的長度，從而提高窯的裝燒量，還容易維持窯內的窯爐氣氛。這就使商代的陶器有了很大的發展，並在商代中期開始了中國由陶到瓷的過渡，誕生了中國最早的原始青釉瓷器。

在河南省鄭州發現的一件陶尊，即可看作瓷器的前身，表面有印花圖案玻璃釉，高二八點二公分。

還有鄭州二里崗發現的青釉原始瓷尊，為盛酒器，高十一點五公分，口徑十八點三公分。

商代後期，實用陶器數量減少，是因為這時期的青銅器、白陶器、印文硬陶器和原始瓷器等胎質堅硬的器皿得到了較多的使用。

因此精美的圖案紋飾不但不再施用於陶器上，就是日用陶器的品種也有所減少，而且有些陶器的製作也比過去顯得粗糙。

商代後期仍以泥質灰陶和夾砂灰陶為最多，另有少量的泥質紅陶。同時，商代晚期白陶得到了高度發展，成為當時占陶器中比例不大卻十分名貴、重要的一個陶器品種。

商代後期陶器的器形，作炊器的主要有爵、斛、甑，作炊器的鬲、罐、甑，作食器用的簋、豆、鉢、鼎，作盛器的盆、甕、大口尊、罐、壺等。

鬹型器來源於中華原始文明的東部那個多以鳥為圖騰的部族，它最原始的形態即是鳥的抽象：鳥類尖尖的啄成為器物的流，頸幾乎原樣保留下來，軀體構成界限並不明顯的器身，雙腿和羽尾則形成此類器物三足支撐的基本形態。

但漸漸地，它開始向整個的動物群體蔓延。許多家畜的抽象形態，成了鬹型器家族的新成員。

一件商代灰陶鬹，是由三個誇張的圓錐體構成，加上柄、注、流的奇特製法和巧妙配置，造成了其獨特的抽象美。

怎麼看它都像一頭既可愛，又呆頭笨腦的豬；但它卻並不是一個確定的畜類，它所具有的是一種難以言述的美感，傳達著一個昂首伸嘴、躍躍欲動的生命的訊息和動感。

另一件白陶鬹，同樣三個變形圓錐體的組合和柄、注、流，只是不再那麼豐滿渾圓，只是將背部適度地拉長了一些，憨態與乖巧既涇渭分明，又相源相本。

這時仍有精美的陶塑作品。江西省清江吳城商代後期遺址中，發現有鳥、人面、陶祖等陶雕塑品；在陝西省也發現有形象生動逼真的陶牛頭、陶鳥等。

這時的陶器紋飾仍以繩紋為主，另有一些刻畫紋、凹線紋、弦紋、附加堆紋、鏤孔等。商代中期盛行的饕餮紋、雲雷紋、方格紋等帶條狀精美圖案紋飾，這時期陶器上已很少見到。

在造型上，商代後期陶器中的平底器，圈足器較前一時期明顯增多，袋狀足也不少，而圜底器則有所減少。

商代後期是中國白陶器的高度發展時期。白陶早在新石器時期晚期就已出現。至商代，由於燒成溫度提高，原料的淘洗亦較精細，致使白陶質地更加潔白細膩。

白陶是指器胎的表裡都呈白色的一種陶器，採用含鐵量比陶土低的瓷土或高嶺土製作而成。刻紋白陶的創製和使用，是商代晚期製陶工藝的新成就，它的硬度耐火度吸水率都較以往的陶器有質的飛躍，並為後世制瓷業的發展奠定了重要的物質基礎。

商代後期，在黃河流域的商代晚期遺址與墓葬中均發現不少白陶，其中以河南省安陽殷墟出土的白陶最具特點，器物有觶、壺、尊、卣等酒器和鼎、豆、盤、簋等食器。

河南省安陽小屯發現的白陶罍，高三十三點二公分，口徑八點五公分，白陶極為細緻，肩部飾以四隻單眼獸紋樣和細膩的帶狀紋，罍身相互配置山形紋，肩部有兩個穿孔的獸頸形突起，身下部也有一個相同的裝飾。

白陶的紋飾常見有雲雷紋、漩渦紋、饕餮紋、蟬紋、曲折紋、夔紋等。特別是將細膩的雕刻作為白陶的主要裝飾技法，顯示了商代後期白陶的高度發展水準。

夏商兩代，白陶專為奴隸主貴族享用，因其質地堅硬，潔淨美觀，做工十分考究，故惹人喜愛。到了商代後期，這種風氣越演越烈，精品出了很多，產量卻很少。

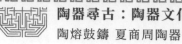
西周以後，由於印紋硬陶和原始瓷器的興起，白陶器逐漸減少以至根本不見，所以商代晚期的白陶成了稀世珍品。

商代後期還出現一種「三通」陶水管，是為了作縱橫兩條水管「丁」字形相交用的。

閱讀連結

商代還盛行印紋硬陶，胎質比一般泥質陶器細膩、堅硬，燒成溫度也要高，而且在器表拍印以幾何圖形為主的紋飾。

由於所用原料含鐵量較高，所以印紋硬陶器的表裡和胎質顏色多呈紫褐色、灰褐色、紅褐色和黃褐色，其中紫褐色硬陶的燒成溫度最高。少數印紋硬陶的器表還顯有在窯內高溫熔化而成的光澤，好像施有一層薄釉似的。

中國長江以南地區和東南沿海地區發現的印紋硬陶數量較多，而且延續的時期也較長。

▌簡樸實用為主的周代陶器

■西周原始瓷卣

西周陶器仍以泥質灰陶和夾砂灰陶為最多，但灰陶的品種逐漸減少，也有少量夾砂紅陶和泥質紅陶。泥質黑陶和白陶到西周後期已經不見了。

西周時期燒造陶器的窯爐主要還是饅頭窯，龍窯的使用還是相當少。

夏、商時期的各種陶器有二十多種，西周時期減少到十幾種，西周陶器的器形，炊器主要有鬲、甑，飲器主要有爵、觚等。但已經很少，作食器用的主要有豆和簋，作盛器用的主要有罐、甕、盆、盂等。

一件西周灰陶單耳帶鋬罐，高七公分、口徑十一點五公分。泥質灰陶。斂口，扁圓腹，平底。口前沿處捏有凸出槽狀流，器側有一拱形鋬。

這一時期陶器器表的花紋裝飾也日趨簡單，拍印的圖案紋飾在陶器上已很少施用。紋飾仍以紋理較粗的繩紋為主，另有一些劃線紋、篦紋、弦紋、刻畫三角紋等，這時附加堆紋已很少使用。

在造型上，西周陶器以袋狀足、圈足、平底為主要特徵。

西周的青釉鋸齒紋四系罐，高二十七公分，直斜短頸，豐肩，腰部至腳處漸斜收，圈足，全身施青釉，厚薄不勻明顯。

還有一件西周青釉大门尊，高十二點三公分，口徑十八點七公分，足徑十二點五公分，簡樸而實用。

商代早期已經出現了中國最早的建築陶水管，到了西周初期，又創製出了板瓦、筒瓦和瓦當等建築陶器。板瓦是仰鋪在屋頂上，筒瓦是覆在兩行板瓦之間，瓦當是屋簷前面筒瓦的瓦頭。

西周中期發展為板瓦、筒瓦、半圓瓦當和脊瓦等多種。瓦的各種紋飾也有數十種之多。

西周筒瓦大的長可達五十公分，小的也達二十二點五公分，厚一點二至一點五公分。筒瓦表面有各種繩紋、雲雷紋等，內壁中部有一長約五公分的圓柱形或圓錐形瓦釘，用來把瓦固定在房頂上。

板瓦一般長四十八公分至五十三公分，寬二十九公分至三十四公分，厚一至二公分。板瓦的外面也有一兩個約長三公分的圓瓦釘。

這時的瓦是用泥條盤築法燒製，先製成筒形的陶坯，然後剖開筒，入窯燒造。四剖或六剖為板瓦，對剖為筒瓦。古人稱剖瓦為削，削開後謂之「瓦解」。

西周的陶製生產工具主要有：紡線用的扁圓形帶孔陶紡輪，捕魚用的兩端帶有凹槽的陶網墜，製陶用的蘑菇狀陶抵手和狩獵用的陶彈丸等。還有熔鑄青銅器用的工具，如熔煉用的陶坩堝和鑄造用的陶范與陶模等。

山西省侯馬就發現有獸頭陶母范，侯馬曾是晉國的都城，證明這裡曾大批鑄造過青銅器。

在周代可考的製陶之人為虞閼父，為陶工之官，稱為陶正，娶帝室之女為妻，且封為諸侯，固可推知當時陶器關係之重大。

帝舜是上古時著名的製陶專家，他的子孫也繼承了這種技術，擅長於製陶。正因閼父給周立下了大功，周武王便將長女大姬嫁給閼父之子滿。周武王便另封滿於陳，以奉舜帝之祀。所以，《左傳》襄公二十五年道：

子產曰：昔虞閼父為周陶正，以服侍我先王，我先王賴其利器用，與其神明之後，以備三恪，庸以元女太姬配胡公而封諸侯。

滿即陳胡公，是西周所封陳國的第一代國君。

東周又分為春秋和戰國，春秋陶器以泥質陶為主，夾砂灰陶次之，另有少量夾砂紅陶和夾砂棕陶。常見器形，作炊器的主要是鬲、釜、甑，作食器的主要有豆、盂、盤，作盛器主要有甕、盆、罐。

春秋帶蓋雙系耳罐，高一零點七公分，口徑六公分，底徑七公分，細泥質灰陶。製作精巧，裝飾美觀。

此外，從商代晚期開始出現專用於隨葬的陶明器，春秋時期有較大的發展。有仿青銅禮器的鼎、盤，也有仿日用器的鬲、罐、豆、盂等，陶器的造型以平底器和三足器為主，有少量圈足器。

春秋陶器紋飾更為簡單，主要是粗繩紋、瓦旋紋。可以看出，春秋時期陶器不僅品種減少，而且紋飾單調，大約是因為當時陶器手工業的主要力量，

用於生產和發展更為先進適用的原始瓷上去了。春秋時期的陶器表面除素面外，基本上都成了繩紋。

春秋青釉印紋罐，高二十九公分，口徑十三點七公分，底徑二十點五公分，直口、低領、折眉、筒形深腹微鼓、平底。通體滿飾蟠螭紋圖案帶條，器表施青褐釉，造型美觀，裝飾華麗。

還有幾何印紋硬陶罐，高二四點六公分、口徑十五公分、腹徑二十八點二公分、底徑十七點六公分。印紋硬陶。小口、口沿外卷，低領、凸圓肩，深腹略鼓，大平底。器表滿飾拍印的小方格紋。胎質堅硬，呈灰褐色。

圈點紋雙耳黑衣陶罐，高十三點四公分、口徑五點六公分、底徑十點一公分，為泥質黑衣灰陶。小口、低領、圓溜肩、扁圓腹、平底。肩部有兩個對稱的雙系耳。器表塗黑色陶衣，並拍印有密集的小圓圈紋組成的數週帶條。裝飾美觀而華麗。

除了日用陶器皿外，就是大量生產板瓦、筒瓦等建築用陶的構件了。春秋時期建築用陶又有了新發展，出了方形或長方形薄磚，這是中國建築的用磚之始。陶水管、板瓦、筒瓦、瓦當也得到大量使用。

春秋時期的瓦同西周的瓦有明顯的不同，春秋的比西周瓦略小而稍薄，春秋時期的瓦基本上沒有瓦釘，即瓦鼻。少量用瓦釘的瓦，也不是如西周瓦把瓦釘固定在筒瓦的內面，板瓦的外面，而是把瓦釘製成帶有釘帽的單獨構件，在板瓦或筒瓦一端近頭處挖一個小圓孔，使用時將瓦釘透過瓦上圓孔插入房頂上以固定瓦。

還有，春秋時筒瓦或瓦當的一端出現了稍小於瓦頭的瓦榫頭，便於兩個筒瓦相接處更為吻合。

春秋時期陶工內部還有了更細的分工，一是陶人，用陶鈞，所掌皆炊器；二是旊人，用模型製陶，所掌皆禮器。這種非常專業的分工，據說來自於春秋時著名的相臣范蠡。

相傳春秋時，范蠡幫越王滅掉吳國後，棄官同西施逃到了宜興丁山一個叫台山的村子隱居下來。他發現當地黃龍山的泥土可以做陶器，就教大家採泥做坯、築窯燒陶。

俗話說：「萬事開頭難。」范蠡雖然把陶器燒出來了，但燒的陶器不是變形，就是沒有燒透，而且陶器上有許多裂縫。一時范蠡也找不到解決的辦法。

有一天，西施淘好米，動手燒飯。范蠡見火苗很旺，射得很高，心想這不是浪費柴火嗎？就把墊在鍋底的三塊石頭拿掉。

西施說：「鍋子壓在火上，火就燒不旺了。」果然，三塊石頭拿掉後，火就萎了下去。

范蠡想：假如燒窯時泥坯不著地，墊空燒，不是容易燒透嗎？按照此法，燒出來的就都很透了，後來，人們稱這種石頭叫「腳石」。

又有一天，范蠡做完活回家，西施正在燒飯。燒著燒著，飯鍋滾了。西施趕緊把灶裡的木柴夾出來，只留幾塊在裡面。

范蠡問：「為什麼把柴夾出來？」

西施說：「飯燒滾後要悶一悶，要『還火』。如果一直用大火燒，時間短了做成生飯，長了燒焦了。」

等到西施還了火，開鍋盛出飯來，粒粒似珍珠。范蠡吃著吃著，突然想：燒陶器不也和燒飯一樣嗎？如果一直用猛火，米粒吃不消，就燒焦了；陶器吃不消，就燒裂了。假如燒燒，悶悶，既可燒透，又不裂了嗎？

後來范蠡照著這個方法做，果然成功了。他把這些方法教給當地百姓，從此丁蜀窯場就興旺起來。後來，人們尊奉他為「陶朱公」，在蠡墅崇福寺塑了他的像，每年農曆四月初七范蠡生日，隆重紀念他，他居住過的地方就改名為「蠡墅」了。

到了戰國時期，已經出現了大量形象的陶塑作品，但由於當時製陶工藝的侷限性，陶塑的個體大都很小，如戰國的舞隊俑，這些舞俑雖然異常生動

有趣，整個舞隊表現出驚人的藝術魅力，但畢竟每個小俑人僅有五公分高，充其量只能作為案頭的小陳設。

戰國中後期，泥質灰陶大型器開始大量出現。它不僅標明當時製陶工藝的進步，而且為後來大型陶塑的出現，奠定了堅實雄厚的工藝

基礎。

陝西省咸陽黃家溝磚廠戰國秦墓的陶熏，長二十一公分，通高十六點七公分，陶質呈灰色，作佇立狀的馬形。馬昂首卷尾，豎耳前瞻，四足早年已斷，古人將下部磨平著地。馬腹空腔，嘴作氣孔，背負桶形器。桶身飾斜方格暗紋，蓋上塑一蹲踞狀蟾蜍，與蟾蜍對應的器沿塑一隻小犬。

小犬仰頭張口對著蟾蜍吠叫，蟾蜍則張口鼓腹，靜靜地注視著它對面的小犬，生動活潑，栩栩如生。背上有三排十二個鏤孔，用以透氣，桶中有隔箅，圓形箅孔用以通風。

這件陶熏造型奇特，構思巧妙，集實用性與欣賞性為一體，是一件不可多得的藝術珍品。

整個戰國時期，七雄各霸一方，各國所用瓦當各具特色。瓦當藝術第一個鼎盛時期形成了，其中以秦、燕、齊三國瓦當藝術成就最高，形成戰國瓦當藝術三分天下的鼎盛局面。

戰國時期的瓦當可分素面和帶有花紋、文字的兩大類，各地所出花紋瓦當各具特色，燕國多為婆婆紋；齊以樹形紋為主，還有帶文字的；周以饕餮紋為多，但已簡化，僅突出饕餮的雙目，以後漸轉為卷雲紋。

河北省易縣燕下都遺址發現了中國最大的饕餮紋半瓦當「燕國饕餮紋半瓦當」。燕下都是燕昭王時期修建的，是燕國通往齊、趙等國的咽喉，也是燕國南部的政治、經濟、軍事重鎮。

「燕國饕餮紋半瓦當」的紋樣借用了商周青銅器上的圖形。饕餮是一種傳說中的神獸，相傳它「有首無身，食人未咽，害及己身」。因此，器物上出現的這種怪獸均只有頭部形象，具有較高的收藏價值。

閱讀連結

西元二〇一二年，甘肅省甘谷縣毛家坪遺址考古出土了一批周代陶器，展示了秦人和戎人在這一區域的文化融合。

甘谷縣毛家坪遺址由居住區和墓葬區構成，西元二〇一二年進行的考古發掘是甘肅省文物考古研究所、北京大學、陝西省考古研究所、西北大學、國家博物館等單位在甘肅聯合進行的《秦早期都城和陵墓調查發掘項目》的組成部分。

在居住區和墓葬區都出土了一批西周至東周時期的陶器，已清理和修復的有八十多件。這些陶器大多是灰陶，主要有兩類，一類是展示早期秦人文化的秦式鬲，另一類是展現戎人文化的鏟形袋足鬲。另外，還出土了陶甗、陶罐等。

毛家坪遺址考古發掘出土的陶器，為研究早期秦人與戎人的文化交流與融合提供了寶貴的實物資料。

陶情遣性 秦漢隋唐陶器

秦代陶器的品種繁多，大多仿銅器的造型。特別是兵馬俑，被譽為世界奇觀。

西漢的陶塑繼承了秦代藝術風格，深沉雄大。西漢時有較有特色的獨立俑和指揮俑。另外，秦磚漢瓦也很有成就。

三國兩晉南北朝時期的陶器，仍以騎士俑等明器為主，北魏的彩繪陶俑髮式、甲胄多為少數民族裝束。

隋唐時中國出現大一統的局面，更是中國文化經過長期醞釀開始進入鼎盛的序曲，最著名的陶器是唐三彩。

▋以兵馬俑為代表的秦代陶器

■秦始皇陵兵馬俑

　　秦朝歷史只有三十多年，真正被確定為具有秦代標準特徵的陶器，主要發現於關中地區的秦都咸陽，和臨潼秦始皇陵區周圍秦俑坑與秦代墓葬內。

　　從陝西省秦都咸陽阿房宮，和臨潼秦始皇陵墓周圍的秦代陶器和磚瓦上的陶文戳記內容來看，計標記有：「都」、「都昌」、「左司」、「右司」、「宮皇」、「宮屯」、「宮水」、「左宮」、「右宮」、「右空」、「左胡」、「都司空」、「寺水」、「太匠」等，均屬於當時秦朝中央官署直接管轄的製陶作坊。

　　這些官署管轄製陶作坊生產的磚、瓦與陶器，可能是專供秦國和秦朝宮殿建築和陵園建築之用。

　　在咸陽城遺址發現的日用陶器和一部分磚瓦上還發現印有「咸陽成申」和「咸陽如傾」字樣的戳記，這些陶器與磚瓦可能是咸陽地方官府所屬製陶作坊的產品。

　　在秦始皇陵附近還發現印製有「櫟陽」、「苴陽」、「麗邑」等地方名稱的戳記，這也可能屬於地方官府所轄的製陶作坊的產品。

在秦咸陽城遺址的陶器上，還印製有「咸郕里角」和「咸內里喜」等戳記，是在工匠人的名前冠以里居地名。因而帶有這種印戳的陶器，有可能是私人作坊的產品，依此可以看出秦代的製陶業是相當發達的。

私人製陶作坊的產品，顯然是作為商品生產的，秦的製陶業似乎已有了明確分工。

秦代日常使用的實用陶器，主要以泥質和砂質灰陶為多，也有一些紅陶。炊器有小口、圓腹、圜底、砂質陶釜和一些斂口、袋足、弧形襠陶鬲，以及大口、斜壁、平底陶甑。食器有大口、淺腹鉢和大口、或直口、淺腹、平底碗等。

盛儲器有小口、短頸、深腹、平底甕，小口、折沿、深弧腹、平底罐，敞口、斜壁、平底盆，小口、折沿、短頸、橫橢圓形腹、小圈足、繭形壺和口似蒜頭、細長頸、圓腹、平底蒜頭壺等。

繭形壺壺腹似鴨蛋形，所以也稱鴨蛋壺，是秦代具有代表性的陶器，器表除飾印繩紋外，還施有一些劃紋、弦紋與彩繪。陶器的製法均為輪製。體型較大的異型容器，也有採用泥條盤築法製成的。

秦都咸陽宮殿遺址中發現的窖底盆，口和底均似橢圓形，口緣外卷，腹部略向外突，厚實堅硬，數節相套，口徑一公尺，高六十公分，底徑五十公分，可能為貯糧之用。

還有陶倉，為明器，戰國時秦墓中就有發現，秦始皇陵附近的陶倉器身較矮，上有模擬平頂斜坡式的圓形屋頂，倉身正面中間開有一個扁方形門洞。

秦墓隨葬的陶器，大部分為實用器，也有專為隨葬燒製的明器。形制有小口、圓腹、圜底釜，小口、圓肩、深腹、平底甕和小口、深腹、平底罐，還有一些盤、勺、鉢、鼎、鈁、繭形壺、蒜頭壺與甑等。器表除飾繩紋與弦紋外，也有一些彩繪陶器。

關中地區的秦墓還有鏟形袋足鬲、甕、鼎、敦、壺、盤、匜、杯、勺等陶器。咸陽秦墓有一件體型特大的繭形壺，壺腹用泥條盤築而成，並經過打

磨與修整，外壁用寬扁形的泥帶和弦紋裝飾，口頸與圈足是分件製作黏接成一整器。

湖北省雲夢秦墓隨葬陶器除有甕、缽、繭形壺、蒜頭壺、釜、甑等實用陶器外，並有灶、鼎、鈁等明器。部分陶鼎與陶鈁的器表髹黑漆或褐漆，漆衣上又彩繪出雲氣紋和變形鳥頭紋。許多小口陶甕、陶壺、陶釜的器表上還印製有「安陵市亭」的戳記。

秦代陶器質地細膩，顏色多為淺灰色，原料經過良好加工。一般用泥條盤築法成型，也有的用陶輪成型，弦紋裝飾在陶輪成型過程中做出。

秦皇陵兵馬俑個個形體高大，和真人真馬大小相似，形象生動而傳神。整個軍陣嚴整統一，氣勢磅礡，充分展現了秦始皇當年「奮擊百萬」、「戰車千乘」統一中國的雄偉壯觀情景。

秦兵馬俑的燒成，是陶瓷工藝史上的空前壯舉，它不僅反映了當時的文化藝術、科學技術和生產水準，而且為研究秦代燒陶技術和雕塑藝術提供了極其寶貴的實物資料。

陝西省臨潼縣驪山腳下有幾個兵馬俑坑，兵馬俑坑是秦始皇陵的陪葬坑，位於陵園東側約一點五公里處。

數以千計形體高大的陶人陶馬以各種姿態組成一個雄偉的軍陣。武士身著鎧甲戰袍，手持各種兵器，按照一定的隊形，井然有序地排列，整個軍陣威武雄壯、嚴整統一，展示出當年兵強馬壯、鬥志昂揚的秦國軍隊的雄姿。

三座兵馬俑坑坐西向東，呈「品」字形排列，坑內有陶俑、陶馬八千多件，還有五萬多件青銅兵器。坑內的陶塑藝術作品是仿製的秦宿衛軍。在地下坑道中的所有衛士都是面向東方放置的。

一號坑最大，東西長兩百三十公尺，南北寬六二公尺，深五公尺左右，長廊和十一條過洞組成了整個坑，井然有序地排列成環形方陣。與真人馬大小相同、排成方陣的六千多個武士俑和拖戰車的陶馬被放置在坑中。

坑東端有三列橫排武士俑，手執弓弩類遠射兵器，似為前鋒部隊，其後是六千鎧甲俑組成的主體部隊，手執矛、戈、戟等長兵器，同三十五乘駟馬戰車在十一個過洞裡排列成三十八路縱隊。

南北兩翼的後衛部隊，有武士俑五百餘件，戰車六乘，戰馬二十四匹。

一號俑坑東端有二十個與人等高的陶武士俑，面部神態、服式、髮型各不相同，個個栩栩如生，形態逼真，排成三列橫隊，每列七十人。

其中，除三個領隊身著鎧甲外，其餘均穿短褐，腿紮裹腿，線履繫帶，免盔束髮，挽弓挎箭，手執弩機，似待命出發的前鋒部隊。

這支隊伍陣容齊整，裝備完備，威風凜凜，氣勢雄壯，是秦始皇當年浩蕩大軍的藝術再現，具有強烈的藝術感染力。

二號坑是另一個壯觀的兵陣。有陶俑、陶馬一千三百餘件，戰車八十九輛，是一個由步兵、騎兵、戰車等三個兵種混合編組的曲陣，也是秦俑坑的精華所在，整個軍陣就是秦國軍隊編組的縮影。

二號坑大致可分為弩兵俑方陣、駟馬戰車方陣、車步騎兵俑混合長方陣和騎兵俑方陣四個相對獨立的單元。其中將軍俑、鞍馬俑、跪姿射俑為首次發現。

三號坑與二號兵馬俑坑東西相對，呈「凹」字形。三號坑經推斷是用來統帥一二號坑的軍幕。門前有一乘戰車，六十八個衛士俑以及武器都保存在坑內。

秦皇陵兵馬俑多用陶冶結合的方法製成，先用陶模做出初胎，再覆蓋一層細泥進行加工刻畫加彩，有的先燒後接，有的先接再燒。

由於陶俑體型高大，製作時，首先考慮如何能使它穩固地站立起來，於是陶工們想了兩個辦法：一是將腿部做成實心圓柱體，承受腿部以上軀體的重量，使之不易壓塌；二是在俑的足下黏接一塊足踏板，這樣除了可以增加下部的重量，降低重心外，還可以使俑和地面的接觸面增大，從而使陶俑的穩定性大大增加。

兵馬俑的車兵、步兵、騎兵列成各種陣勢，整體風格渾厚、健美、洗練，但每一個兵士的臉型、髮型、體態、胖瘦、表情、眉毛、眼睛和年齡、神韻均有差異；陶馬有的雙耳豎立，有的張嘴嘶鳴，有的閉嘴靜立，人和馬都富有感染人的藝術魅力。

統十六國之後，秦國實行全國徵兵制，兵源來自全國各地，這恐怕是他們在臉型、表情、年齡上有差別的主要原因。

秦俑大部分手執青銅兵器，有弓、弩、箭鏃、鈹、矛、戈、殳、劍、彎刀和鉞。

工匠們用寫實的藝術手法把它們表現得十分逼真，在這個龐大的秦俑群體中包容著許多顯然不同的個體，使整個群體更顯得活躍、真實、富有生氣。

縱觀這千百個將士俑，其雕塑藝術成就完全達到了一種藝術美的高度。無論是千百個形神兼備的官兵形象，還是那一匹匹躍躍欲試的戰馬塑造，都不是機械的模仿，而是著力顯現它們內在的生氣、情感靈魂、風骨和精神。

將士們有的頭挽髮髻，身穿戰袍，足登短靴，手持弓弩，似為衝鋒陷陣的銳士；有的免盔束髮，身穿戰袍，外披鎧甲，手持弓弩，背負箭鏃，似為機智善射的弓箭手；有的頭戴軟帽，穿袍著甲，足登方口淺履，手持長鈹，似為短兵相接的甲士。

還有身穿胡服的騎士，外著鎧甲，頭帶軟帽，足登短靴，一手牽馬一手提弓；有頭戴長冠的馭手，兩臂前伸，雙手握韁，技術熟練；有頭戴長冠身穿戰袍的下級指揮官，著長甲，手執吳鉤；有頭戴鶡冠，身著彩色魚鱗甲，雙手扶劍，氣度非凡的將軍。

一般的戰士也是各有表情：有的嘴唇呶起胡角反捲，內心似聚結著怒氣；有的立眉圓眼，眉間的肌肉攢成疙瘩，似有超人的大勇；有的濃眉大眼，闊口厚唇，性格憨厚純樸；有的舒眉秀眼，頭微低垂，性格文雅；有的側目凝神，機警敏銳；有的昂首靜思，有的低首若有所思，兩者雖然得刻畫一個「思」字，由於表現手法不同，前者給人的印象是氣宇軒昂略帶傲氣，後者沉靜文雅。

其中，騎兵在服飾裝束及高度等方面都是嚴格模擬古代騎兵的戰時形象，與步兵、車兵俑明顯不同。

它們頭戴圓形小帽，帽子兩側帶扣繫在頜下；身著緊袖、交領右衽雙襟掩於胸前的上衣；下穿緊口連襠長褲，足蹬短靴；身披短而小的鎧甲，肩上無披膊，手上無護手甲。衣服具有短小輕巧的特色，鎧甲顯得簡單而靈活。騎兵俑特殊的裝束也與騎兵的戰術特點密切相關。

每匹戰車的陶馬，兩耳豎立，雙目圓睜，張鼻嘶鳴，躍躍欲試。一件件騎士俑，右手牽馬，左手提弓，機警地立於馬前，一旦令下，就將馳騁疆場。

仔細觀察，陶俑的某些細部如髮絲、盔甲上的鐵板乳釘、皮帶扣子，甚至人俑鞋底上麻線的針腳都表現得清清楚楚。兵馬俑全部加以彩繪裝飾，顏色有黑、紅、藍、白、粉紅等。色彩既豔麗又和諧。

從製作的方法來說，秦俑的製作，是將頭、軀幹、腿等分別以模製法製成後黏接在一起。人俑的上身呈空心狀，內壁隱約可見到工匠的指紋。

秦漢時期是中國古代第一個封建盛世，這一時期中國經濟發達，社會文化發展迅速。秦漢時期的建築用陶在製陶業中佔有非常重要的位置，其中最富特色的為畫像磚和各種紋飾的瓦當，這就是著名的「秦磚漢瓦」。

在秦朝都城咸陽宮殿建築遺址，以及陝西臨潼、鳳翔等地發現眾多的秦代畫像磚和鋪地青磚，除鋪地青磚為素面外，大多數磚面飾有太陽紋、米格紋、小方格紋、平行線紋等。

另外用作踏步或砌於壁面的長方形空心磚，磚面或模印幾何形花紋，或陰線刻畫龍紋、鳳紋，也有模印射獵、宴客等場面的。

秦時瓦當也向藝術化發展，就在瓦當這一小小的圖形空間內，中國古代聰明的匠師們創造了豐富多彩的藝術天地，屬於中國特有的古代文化藝術遺產。

瓦當一般為泥質灰陶，陶土一般要求土色純黃，黏性較好，沙石較少的黃壤土燒製而成。約西元前六七七年至西元前三八三年，雍城作為秦國都城，

首先成為秦瓦當的重要生產地區。後來，秦國遷都櫟陽，又遷都咸陽，情形也是如此。

秦磚有山形紋、樹紋和雲紋，和關東六國的瓦當頗為相像。最早使用圓形瓦當、採用當面四分法和當心採用圓形裝飾的秦瓦當，直接影響了漢代瓦當，並引導瓦當藝術在西漢形成第二個高潮。

秦始皇陵園及周圍遺址出土的秦磚，陶土多取驪山泥土，未添加其他材料。因泥土本身含有多種礦物成分，經燒製後十分堅固耐用。

秦磚顏色青灰，質地堅硬，製作規整，渾厚樸實，形式多樣。其中方磚長三十四公分至七十公分，厚十公分至二十公分。

而長條空心磚長三十八公分至五十三公分，寬三十五公分至三十八公分，厚兩公分至四公分；長方形空心磚長六十五公分至一百三十六公分，寬三十三公分至三十八公分，厚十八公分。另外條磚、子母磚、企口磚、五棱磚、曲尺形磚長二十二公分至四十公分，寬十公分至二十公分，厚二公分至九公分不等。

據調查，秦陵及周邊發現的條形磚有大型和小型兩種，大型的秦磚長四十二公分，寬十八公分，厚八點九公分，重十四公斤；小型的長二十八公分，寬十四公分，厚七公分，重達五公斤。

條形磚一般具有三個特徵，飾有細繩紋；胎體細密且含有石英砂等礦物質；密度大、質地堅硬；做工細膩、規矩，份量很重。

素面磚也是秦漢時期最常用的磚種之一，磚面上沒有任何紋飾，與花紋磚相對，主要用於鋪地，所以也稱為鋪地磚。

秦磚除了素面磚以外，還有花紋種類多樣的方磚，有粗細繩紋、交錯繩紋、平行繩紋、方格紋、太陽紋、米字紋、乳丁紋、方格紋、曲尺形紋、菱形紋、迴紋、雲紋，或以兩種不同紋飾相間於長方形空心磚。

花紋磚還有龍紋、鳳紋、龍鳳紋、方格紋、植物紋、動物紋、四神紋條磚、子母磚、楔形磚、企口磚、五棱磚。

秦磚中還有一種文字磚，即在磚體上刻印文字，如官官、官秩、南鄭宮、左司高瓦、寺系、都倉、安米、診、益壽長樂、萬世無極、長樂未央等數十種。

秦小篆體十二字磚，是一種鋪地磚，長三十點八公分，寬二十六點七公分，厚四公分。此磚正面以凸線分為十二個方格，每格內有一陽文秦篆，文字是「海內皆臣，歲登成熟，道毋饑人」。其意是普天下的人都是秦朝的臣民，五穀豐登，路上見不到饑餓之人。這是秦朝都城宮殿用磚。

秦瓦當上的雲紋工整精緻，是漢朝雲紋的樣板，後世雲紋瓦當都不及秦瓦當精細。雲是祥雲，代表祥和之氣。雲紋瓦當表現了秦人渴望和平幸福的美好願望。

在秦始皇陵北面的建築基遺址發現的大半圓形夔紋瓦當高四十八公分，直徑六十一公分，背有殘筒長三十二公分。這件瓦當是已發現秦代瓦當中的最大者，被稱為「夔紋瓦當王」。

閱讀連結

秦代製陶工藝的成就很重要的一個方面，體現在陶俑的塑造和燒成。顯示其驚人成就的，是考古調查和發掘的秦始皇陵兵馬俑。

在陝西臨潼西楊村西南，發現三個皇陵陪葬坑，一號坑面積達一萬四千兩百六十平方公尺，按發掘部分密度推算，該坑埋藏兵馬俑總數達六千多尊。二號坑面積約六千平方公尺，埋藏陶俑有一千四百多尊，戰車八十九輛。三號坑面積五百二十平方公尺，戰車一輛，戰馬四匹，武士俑六十八件。

這些陶俑是秦始皇在世時從全國各地徵調來服徭役的陶工、雕塑工匠和刑徒，耗費十年左右的時間製作的。這些陶俑是偉大時代的輝煌產物，它體現出的雕塑法則，影響著秦以後兩千多年中國雕塑藝術的發展。

▋以彩俑為代表的漢代陶器

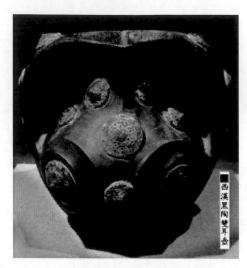

■西漢黑陶雙耳壺

　　兩漢前後延續了近五百年，是中國歷史上的一個重要時期，也是中國陶瓷藝術發展的一個重要時期。漢代藝術陶數量之多、種類之豐富，超過了以往的任何時期。

　　漢代陶器主要是各種飲食器、貯藏器等容器，也包括其他生活用具，以及專為隨葬而製作的明器。因年代和地區的差異，器物的種類形態、製法、紋飾及燒成溫度等都有所不同，大體上可分灰陶、硬陶、釉陶和青瓷四大類。

　　河南省滎陽牛口峪發現的西漢彩繪雙鳥怪獸陶壁壺，通高四十五公分，寬二十五公分，壺為壁壺式，呈蹲獸狀，直口，蒜頭，器身雕塑成一怪獸，嗔目，呲牙，上戴蒜頭形冠，身著衣物，雙臂雙腿挽起，雙手雙足為鷹爪，上部兩爪抓一魚，作欲吞狀。

　　雙鳥怪獸陶壁壺通身彩繪，以白色為底，其上繪毛；壺兩側附加堆塑雙鷹，鷹扭頭立於獸肩，長尾與下部鳥首相接，鷹首繪有頭、目、嘴，鷹身繪羽毛；壺背面繪一尖耳圓目的怪獸。

灰陶是漢代最主要的陶系，已普及到全國各地。漢代灰陶容器是繼承商周以來的傳統而進一步發展，在製作技術上達到更高的水準。一般都呈青灰色，火候均勻，燒成溫度約在一千度以上，質地堅實。

灰陶凡屬圓形的容器，其坯胎多系輪製，形狀規整，表面較光滑。除了隨著陶輪的旋轉而刻畫的少許平行的弦紋，及一些局部幾何形劃紋和印紋以外，基本上是素面的。

西漢前期，少數容器如甕、罐之類，偶爾還帶有一些不甚明顯的繩紋；西漢中期以後繩紋則基本上絕跡。有些灰陶器繪有彩色的花紋，稱「彩繪陶」，其花紋的陶器燒成後才繪描的，易於脫落。這種「彩繪陶」只發現於墓葬中，不見於居住址，可見是專為隨葬而製作的。

有些灰陶器表面塗漆，是模仿當時的漆器。戰國時期流行的陶豆在西漢前期還偶有所見，但不久即消失。戰國後期開始出現的陶鈁，盛行於西漢，東漢時已不見。

硬陶流行於長江以南，包括廣東、廣西、湖南、江西、福建、浙江及江蘇南部等地區，用當地一種密度較大、黏性較強的黏土製成。與灰陶相比燒成溫度更高，陶質更堅硬，故稱硬陶。

漢代的硬陶是繼承華南地區自新石器時期後期以來「幾何印紋硬陶」的傳統。一般圓形的容器，主要亦是輪製。器物表面往往拍印細密的方格紋，或刻畫有波狀紋、鋸齒形紋等。

器物的種類，多屬甕、罐、壺、盒、碗等容器。有些器物，如匏形壺、三足罐、四聯罐或五聯罐等，在形態上有顯著的地方性特色。

漢代製陶業的一項新發明，是濃厚的棕黃色和綠色的釉陶。燒成溫度約為八百度，內胎呈磚紅色。由於主要流行於黃河流域和北方地區，所以也稱「北方釉陶」。

釉陶開始出現於西漢中期，先在陝西中部和河南流行，西漢後期，迅速普及到黃河流域和北方地區。東漢時，長江流域也有所見。

棕黃色的釉陶出現較早，綠色的釉陶出現較晚，但東漢時後者大量流行，較前者更為普遍。器物種類有鼎、鐘等仿銅容器，也有倉、灶、井、樓閣等模型及雞、狗等動物偶像。由於陶質不堅，釉也易於脫落或變質，只存在於墓葬中而不見於居住址，可以認為是專供隨葬用的。

江蘇省儀征市劉集聯營趙莊發現的西漢青釉陶熏，高十九點一公分，口徑九點六公分。灰白陶質。器作子母口，淺腹，下腹斜折，倒置豆形足，蓋頂中部凸起一棱柱，頂端立一鳥，作振翅欲飛狀。

還有漢代褐釉水波紋兩系罐，帶蓋，蓋傘形，蓋頂部平，頂部中間塑一蹲立狀熊鈕，蓋面四周刻畫有斜格紋。罐體子母口，溜肩，深腹，平底，底部附獸蹄形三足。肩腹部飾弦紋兩組，中間飾水波紋一組。施黃褐色釉，底部不施釉，釉面光潔潤澤。

漢代陶藝最高成就可以說是鉛釉陶的生產，西漢宣帝以後，在關中、河南等地較多出現，東漢普及全國，數量大增，成為漢代一個非常重要的陶器品種。

這種釉陶器，胎體是陶，釉是以銅和鐵的氧化物作呈色劑，鉛的氧化物作助熔劑的釉。鉛釉陶燒成溫度低，大多為七百度，所以叫低溫鉛釉陶器。

鉛釉陶器的特點是：釉的熔融溫度低，高溫下黏度小，流動性較大，可以比較均勻地覆蓋在器物表面。冷卻後的釉清澈透明，平整光滑，玻璃質較強，指數較高，光彩照人，有很高的裝飾作用。

由於燒成溫度低，胎體不結實，釉中鉛含量高，所以不大作食器，大多作裝飾器和明器，器形有：鼎、盒、壺、倉、灶、井、水碓、磨、樓閣、池塘等。

漢代鉛陶的大量燒製成功，不僅是漢代陶器的一大成就和特點，開創中國低溫釉陶大量生產之先河，而且對中國漢以後陶器生產影響深遠，唐代的三彩陶、宋明的琉璃釉陶均從中發展而來。

東漢褐綠釉陶刻花蓮瓣紋奩，呈圓筒狀，三足鼎立，足為三隻站立的小熊頂起奩的模樣，造型有趣。奩兩側有仿青銅器的啣環獸首紋刻，奩外有數

條弦紋，中間兩層為刻花蓮瓣紋。這件陶器成功地利用兩種釉色相結合，形成色彩分明的圖案，褐釉為陽面釉，綠釉為陰刻條紋。

陶鼎和陶鐘是漢代最常見的仿銅陶器，流行的時期甚長。其他容器如甕、罐、盆、樽、盤、碗等，在整個漢代都大量存在，它們的形態隨著年代的推移而演變。

西漢前期少數帶有繩紋的甕、罐等尚有為圜底的，從西漢中期以後，除了三足器和圈足器以外，幾乎所有的器物都為平底。還有一些日常用具如案、燈、熏爐及撲滿之類，既非飲食器，亦非一般的貯藏器，為前代所少見或未見。

漢代人重視墓葬，成為習俗，殉葬品力求豐富而精細，陪葬品中除少量石質品、金屬製品、木質漆器以外，被大量使用的為陶製品，因為這種材質可歷千年而不腐敗。

漢代陶明器除飲食所用的器皿外，大量模擬生活場景，加以縮微，如陶製的樓閣、倉房、灶台、獸圈、車馬、井台、奴僕等，都是用來營造虛幻環境以供死者享用。

明器當中的壺、盆、罐之類器皿，一般都在素坯之外敷設一層粉彩，並不與胎體相融，稍摩擦便脫落；小型生活場景模型，外表都施加綠色低溫鉛釉。

綠釉陶鴨，胎土呈淡紅色，通體施綠釉，釉的表面泛現一種銀白色的光澤。由於長期水浸土蝕，部分漢代綠釉陶製品器表呈銀色，這是由於表面形成具有層狀結構沉積物而導致泛色現象。

還有綠釉陶狗，釉呈暗綠色，釉面富有光澤，四足端露胎處可看到紅色胎土。其造型作昂首、聳耳狀。雙目凝視前方，咧口露齒，兇狠欲吠。頸部有項圈，頸後並有環以套拴繩，可見它為豢養之馴狗。造型具寫實風格，神態生動。

燈具的發展直至漢代進入普及化，燈具不只限於達官貴族，普通老百姓也可以擁有。青銅燈仍是主流，陶燈次之。

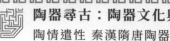

人俑燈則是漢代燈具的一大亮點，一般是達官顯貴使用燈具的代表器物之一。中下層人民使用的則是姿態各異的陶熊燭台、陶梟燭台。綠釉陶熊燈便是代表民間使用的燭台之一。

自西漢中期以後，大量各式各樣的陶俑用於隨葬。西漢時較有特色的陶器就是獨立俑，還有陝西省咸陽楊家灣漢墓出土的彩繪指揮俑。俑像頭紮圍巾，下垂紅色飄帶，身穿紅白相間的戰袍，外披黑色甲衣，腰間繫帶，足蹬高筒靴。此俑以簡潔、洗練的手法，鮮明的色彩，突出了指揮者的神氣，十分動人。

陝西省陽陵是西漢景帝劉啟和皇后的陵墓，劉啟在位的十七年間，是中國歷史有名的「文景之治」盛世時期。秦漢人講究「事死如事生」，修建陵墓時，帝王是按陽間的享用來營造陰間環境的。

在陽陵陵園十幾個從葬坑和陪葬坑中，發現了大批陶俑，內容豐富多樣，藝術上精美傳神，尤其是罕見的男女無臂裸體俑。

這數千尊裸體俑栩栩如生，唯妙唯肖，他們原都穿著衣服、有木質可活動胳臂的。由於埋藏久遠，衣飾、木臂皆腐朽脫落了。這些陶俑採用寫實手法，比例合度，肌肉骨骼具有質感，形象刻畫細膩傳神，有的俑身上還依稀可見麻織品的痕跡。

從另一葬坑中發現一百八十四尊女騎馬俑，很可能是宮中做騎馬錶演的舞伎。

陽陵的陶塑漢俑先塑出人體的原型，施彩加髮膚的真色，然後裝上可以活動的木製手臂，隨後再穿上衣服。這些俑一般高六十二公分，按真人身體三分之一縮小，有的仕女俑身上抹染了紫色礦物質顏料。

裸體俑的面部表情真可謂細膩入微：臉龐有方、圓、闊、長，表情有悅、冷、慈、媚。那天庭飽滿、地閣方圓、神態沉靜者，顯見是成熟穩健中年的男子；那臉形方渾，顴骨突兀、神情冷峻者，無疑是來自西域的剛烈丈夫；那面如滿月，口闊唇厚，敦實康健者，抑或是關隴大漢；那小嘴和兩眼因臉蛋的隆起而深陷的女俑，雖說是徐娘半老，卻風韻猶存。

泥與土鑄就的生命，在火與色彩煅燒的藝術中獲得了永生。

漢代民間極為盛行說唱表演。漢代俳優大致以調謔、滑稽、諷刺的表演為主，並以此來博得主人和觀賞者的笑顏。他們往往隨侍主人左右，作即興表演，隨時供主人取樂。表演時，他們一般邊擊鼓邊歌唱。

當時的皇室貴族、豪富大吏蓄養俳優之風甚盛。漢武帝「俳優侏儒之笑，不乏於前」。丞相田蚡「愛倡優巧匠之屬」。桓寬《鹽鐵論·散不足》記載：

富者祈名岳、望山川。椎牛擊鼓，戲倡儛像。

這些均可為證。

漢代畫像石樂舞百戲圖中，經常可以看見一些身材粗短、上身赤裸和動作滑稽的表演者，漢墓中也不乏此類形象的陶俑，均顯示了俳優表演在當時的盛行。

東漢最有特色的擊鼓說唱陶俑，發現於四川省成都天回山。擊鼓說唱俑以寫實主義的手法刻畫出一位正在進行說唱表演的藝人形象，反映出東漢時期塑造藝術的高度成就，具有很高的藝術價值，是一件富有濃厚民間氣息和地方風貌的優秀雕塑作品。

此俑為泥質灰陶，俑身上原有彩繪已脫落，殘存白粉及褐色土痕。通常高五十五公分，頭戴軟小冠，並以長巾圍繞一匝，前額上打一花結。這個說唱俑的表演彷彿已經進入了高潮，他得意忘形，表情誇張，竟不自覺地手舞足蹈起來。他上身赤裸，下穿長褲。身屈，蹲坐在地面上，赤足，右腿揚起，腳掌向上，張口，露齒，瞇縫雙眼，呈活潑詼諧憨厚之態。額前有皺紋數道，開懷大笑，彷彿正說到精彩之處。

著襆頭，左臂下挾一圓形扁鼓，右臂平直，手執鼓槌欲擊，兩臂戴有纓絡珠飾，似作說唱狀。人物面部的幽默表情被刻畫得極為生動傳神，使觀者產生極大的共鳴。此俑表情生動活潑，反映了當時塑造藝術的高度成就。

正如漢代傅毅《舞賦》中所說：「論其詩不如聽其聲，聽其聲不如察其形。」東漢陶俑造型生動活潑，手法簡潔洗練，具有濃厚的生活與時代氣息，反映了當時的政治、經濟、文化、軍事、民族關係等社會生活的方方面面。

川俑為漢陶藝術的奇葩，製作題材非常廣泛，包羅了人間百象。此時期的俑追求神韻的塑造，注意神情的把握與刻畫，體現了東方藝術的精髓。

紅陶聽琴女俑，顛覆了前代隨葬陶俑端雅乃至木訥的傳統。此件聽琴陶俑跪坐於地，身著寬袖的長袍，為典型漢代式樣。其頭部是漢代女性常戴的巾幗，為以絲、毛製成的類似於髮髻的飾物。此紅陶聽琴俑屬伎樂類俑，製作精美，神態生動，十分難得。

還有灰陶持鍤男俑，陶俑頭戴圓形笠帽，頭髮在腦後向上綰起。雙眼微合，面部略帶笑意。上身內穿圓領衣，外為兩層右衽衣，外衣有緣，袖口挽起，腰中繫帶，下著褲，足穿布履。腰中垂掛環鼻刀，左手持箕狀物，右手拄長柄鍤，鍤立於雙足之間。

在漢代建築陶器當中，瓦當的藝術成就也非常突出。漢代瓦當是在秦代瓦當基礎上發展起來的，青出於藍而勝於藍，與秦瓦當相比，漢代瓦當不僅數量多，而且種類更加豐富，製作也日趨規整，紋飾圖案井然有序。

在圓面範圍內，儘量體現形體的伸展力度，神態性格明顯，是一種藝術性極強的裝飾浮雕作品。尤其是漢代大量文字瓦當的出現，不僅完善了瓦當藝術，同時也開闢了一個全新的藝術領域和研究範圍，更加鮮明地反映當時社會經濟、思想意識形態。

西漢時期的宮室台榭之類建築，在繼承秦代基礎上，規模更為壯麗宏大。以國都長安為中心的宮殿建築，如長樂宮、未央宮、明光宮、北宮、桂宮、建章宮以及上林苑，各抱地勢，連屬成群，華麗豪奢，每處能容「千乘萬騎」，可見當時建築的規模之宏偉。

而在這些建築上，均用瓦當以顯示皇家的氣派與威嚴，這就為瓦當在漢代大放異彩奠定了廣闊的發展基礎。漢代瓦當以其數量之多，質量之精，時代特徵之鮮明，文化內涵之豐富，把中國古代瓦當藝術推向了最高峰。

西漢瓦當可分為三期，漢初至文景時期為初期，武帝、昭帝、宣帝時期為中期，元帝、成帝以後至王莽時為後期。初後兩期，面積略相似，只有中期面積特大，邊輪特寬。

西漢瓦當初期的文字非常緊密嚴肅，「高安萬世」、「千秋萬歲」是代表作品。中期字體寬博，「永承大靈」、「湧泉混流」是代表作品。後期字體流麗勻圓，「則寺初宮」是代表作品。

漢代畫瓦在中期亦有明顯之區別，龍虎四神，為其代表作品，大氣磅礡，姿態生動而雄偉，一望可辨。但四神瓦多見於西安棗園村王莽九廟遺址，其他地區，出土數量極少。王莽在建九廟時，皆拆毀漢代包陽宮等之土木材料，瓦當應亦在移用之列。

西漢晚期至東漢末是畫像磚藝術的繁榮期。從西漢晚期起，畫像磚墓開始擺脫了呆板的箱式結構，迅速向居室化發展，畫像磚也擺脫了空心磚的舊模式，向多形化發展。

東漢時期，畫像磚藝術發展到巔峰，畫像磚墓的分布範圍擴大至全國。並且形成了以中原地區和四川、重慶地區為代表的兩大中心分布區，其中四川、重慶地區的畫像磚持續繁榮，一直延續到蜀漢時期。

由於磚本身的裝飾性和藝術性逐漸增強，漢代畫像磚的裝飾技藝已經達到了極高的水準。

兩漢畫像磚的形制有兩種，一為邊長四十公分左右的方形，一為長四十五公分左右、寬二十五公分左右的長方形。

畫像磚可分為成都和廣漢、德陽、彭縣、邛崍市、彭山縣、宜賓等地兩種類型。而不同的題材五十餘種，大體可分為五種內容：

主要有表現現實題材的。反映漢代農業、副業、手工業和商業，如播種、收割、舂公尺、釀酒、鹽井、桑園、採蓮、市井等為主題的畫像磚。

　　這類畫像磚，內容最為豐富，頗具研究價值。如成都羊子山一號墓的「鹽井畫像磚」，長四十六點八公分，寬三十六點五公分，細緻地刻畫了漢代井鹽生產的情況。

　　畫面上的鹽井設有提取鹽滷的滑車，鹽滷透過架設的竹梘，緩緩地流向燃火的鐵鍋。可以說鹽井畫像磚是中國古代鹽業難得的真實寫照。

　　四川大邑安仁鄉發現的「弋射收穫畫像磚」則是這一類型的代表作之一。該畫面高三十九點六公分，寬四十六點六公分，整個畫面分成上下兩部分。

　　上部為「弋射圖」，圖中池塘水波漣漣，群魚游動，蓮蓬挺立水面，風姿綽約。一群水鴨倉皇飛散，驚慌失措。池畔兩位獵人側身跪地，引弦搭箭，沖天而射，身姿健美。

　　下部為「收穫圖」，圖中有農夫正在揮鐮收割。其中左側的一組三人彎腰小心翼翼地割稻穗，右側一組兩人高高地舉起鐮刀砍稻莖，最左側一人荷擔而立，似向田間送飯者，這是辛勤勞動生活的反映。

　　「弋射收穫畫像磚」整個畫面簡潔分明，但所表現的內容十分豐富，而且將不同的空間自然地結合在一起。所表現的勞動場面具有濃厚的生活氣息。

　　表現墓主身分和經歷的畫像磚。此類墓主多為當地的豪強顯貴。這類畫像磚所表現的內容，與文獻記載相符合。如桓寬在《鹽鐵論·刺權》中所說：

　　貴人之家，雲行於塗，轂擊於道⋯⋯中山素女，撫流征於堂上，鳴鼓巴俞，作於堂下。婦女披羅紈，婢妾口希寧。子孫連車列騎，田獵出入，畢弋捷健。

　　四川省成都揚子山墓出土的「九劍起舞圖」是這類漢代畫像磚中的珍品，磚長四十六點四公分，高四十公分，厚五點三公分。畫面偏左有大小兩鼎，杯盤已撤，宴罷開始歌舞。

　　右上方一人耍弄彈丸，一人舞劍，並用肘耍弄瓶子。右下方一高髻細腰女高揚長袖而舞，一人搖省鼓伴舞。左下方兩人共坐一席，同吹排簫。左上方席上一男子向前伸展長袖，勢欲起舞；一高髻女子正在吹排簫伴奏。

構圖緊湊，氣氛熱烈，形象生動，線條流暢，刻畫極為成功。表現當時社會生活和政治制度的，諸如以市集、雜技、講學授經、尊賢養老等為主題的畫像磚。除了「九劍起舞圖」，這類畫像磚的典型代表作品還有「車騎出巡圖」等。

東漢時期天文學家張衡在《西京賦》中描寫當時的雜技表演場面：

臨迴望之廣場，陳角觝之妙戲。烏獲扛鼎，都盧緣橦，衝狹燕濯，胸突鈷鋒，跳丸劍之揮霍，走繩上而相逢。

這些場景，都可以在畫像磚上找到印證。「西漢成都文翁石室接經講學圖畫像磚」，就生動地塑造了講授儒經時的情景。圖中形象較大者為老師，其餘為弟子。教師循循善誘，弟子畢恭畢敬。此圖歌頌了漢代關心百姓、興辦教育的清官文翁。

表現墓主享樂生活的，諸如宴飲、庭院、庖廚、樂舞、百戲等畫像磚。這也從一定的角度反映了漢代建築、民俗風情等的實際情況。

這一類型主要代表作品是四川省成都發現的「宴飲雜技畫像磚」，該磚長四十六公分，寬四十公分，該畫像磚表現了漢代這種宴賓雜技的習俗。磚上模印有兩件盛酒的筒形尊，尊內有酌酒用的勺，另有兩件長方形食案。

左上方一男主人席地而坐，在觀賞伎舞。旁邊有一女與兩男吹排簫伴奏，右側四人表演，兩人做雜技，兩人舞蹈，生動再現了墓主人生前的宴樂生活。

畫像磚中亦有神話題材的，主要表現當時神話傳說和迷信思想，諸如伏羲、女媧、日月、仙人等。

該類型代表作品有「漢代西王母畫像磚」，圖正中西王母坐在龍虎座上，右為玉兔搗藥，左有一女子手持靈芝，為求藥者。此圖反映了漢代人乞求長生不老的思想。

河南省郊縣的「伏羲女媧畫像磚」，描繪了兄妹成婚繁衍人類的故事，展示了一個極其豐富飽滿又充滿生命力的世界。圖案工藝製作異常精美，是美學透過想像的演繹。

「伏羲女媧畫像磚」，長三十九公分，寬十九公分，厚四公分，磚面塗有護胎粉，屬高浮雕工藝。

伏羲女媧是一個流傳極廣的神話故事，伏羲女媧人首蛇軀，有陰陽諧和之意，在伏羲女媧二祖眾多德政中，因有始配夫婦之舉，所以也可以視為家庭的保護神。

圖中伏羲女媧身後有長翅，無腳，手中分持叉和旗。整幅畫面除伏羲女媧外，還有五個羽人，伏羲女媧居中偏左，兩尾相交。左邊有兩個羽人，穿摺裙，腿部已化成蛇尾狀，向內捲曲成雲紋符號，面向伏羲女媧。右側有三個羽人，面向伏羲女媧的羽人有雙尾，並有銷狀紋飾。

其中一羽人為媒人，為伏羲女媧做媒。右上方的羽人呈飛翔狀，身下有祥雲數朵，向伏羲女媧飛來。右下方有一小羽人，腳踏祥雲向右側飛去，是伏羲女媧剛剛生下的孩子。

整幅畫面採用散點透視，主客搭配，張弛有度。飛揚流動的畫面充滿了蓬勃旺盛的生命力和對美好生活的嚮往和追求，令人浮想聯翩。充分體現了漢人對現實生活的愛戀。

「伏羲女媧畫像磚」屬高浮雕工藝，區別於其他漢磚的淡浮雕和平雕，是中國歷史上不可多得的瑰寶。

另外該類題材還有河南省鄭州新通橋漢墓的「樂舞神話畫像磚」，長一百二十三公分，寬五十五公分，厚十九點七公分。該磚呈梯形，一端平齊一端斜坡狀，上下共模印有八層畫像。

磚上部邊緣有一排姿態優美的樂舞圖，其下是一排奔鹿圖，再下為一排草叢中奔跑的獵犬圖。下部角端邊緣是一排武士騎馬圖，其下為一排軺車圖。

中部內容除大部分與邊緣相同外，還有射鳥、執笏、馴牛、鳳鳥、九尾狐與三足烏、玉兔搗藥等畫像，古拙奔放，富有浪漫主義色彩。

動物題材的畫像磚以龍、牛、虎、馬、鹿、魚、象等為題材，這類型畫像磚不是主流題材，因而在漢墓中出土較少。較典型的代表為「龍紋畫像磚」。

龍紋畫像磚，畫面上以龍紋為主，線條流暢，氣勢磅礴，極富動感，而且從圖案中可以看出，早在漢代時，作為我們中華民族象徵的龍，其形像已經十分豐滿，開始「騰飛」了。

漢畫像磚種類繁多，反映了勞動人民的聰明睿智和製磚工藝的高超水準。畫像磚盛產於中原、西南和江南的廣大地區，尤以河南和四川兩省最多。

河南地區的畫像磚，形制有四種，長方形的空心磚、長方形的實心磚、方形實心磚、空心柱磚。河南磚一般是經印模多次壓印的多個或多組有獨立造型的形象，依據一定的構圖方式組合在磚面上，形成一個更大的復合畫面，並具有一定的創作隨機性和裝飾性。磚的內容與藝術形式，依不同的時期而呈現不同面貌。

洛陽發現的西漢空心畫像磚，以高度抽象的圖案為主，布局疏朗，陰刻線條簡率、圓潤，具有抽象的象徵意義。

東漢時期，基於對於孝的重視，厚葬成風，人們紛紛為逝者建造奢華的畫像磚墓，東漢墓磚因而得到了長足的發展。其中鄭州、禹縣的東漢作品增加了神異物象，畫面繁密，多重複組合。而南陽地區的東漢中期以後的作品，受當地畫像石藝術影響較為明顯，一磚一畫，主題鮮明，繪畫性強。

四川也是漢代畫像磚發現最集中的地方，以成都西北平原一帶所發現的最為精美，時間大多屬東漢後期。四川畫像磚的形制主要有三種，即四十公分左右的正方形磚和約長四十六公分、寬二十六公分的長方形磚，還有一種就是在數量和種類最多的條形磚。

正方形磚的浮雕較低，線面相間，透過線條勾勒，強調和誇張動態，使畫面具有剛柔相濟之趣，代表了四川地區畫像磚造型手法的典型面貌。長方形磚則浮雕較高，立體感強。

閱讀連結

　　東漢墓磚從廣義上來說屬於畫像磚，但是它與秦代及西漢時期的畫像磚又迥然而異。東漢墓磚功能單一，專用於墓葬，且已經揚棄了圖案化的構圖，而以有完整畫面的方形、長方形、條形的實心磚作為主要載體。

　　東漢墓磚是「秦磚漢瓦」建築材料一個重要的轉折點，其形式已從秦漢早期的一磚一畫，逐漸發展至六朝時期的大型磚印壁畫。

▌色彩絢爛的魏晉隋唐陶器

■魏晉時期武士陶俑

　　魏晉南北朝是中國各民族大融合時期，隨之而來的是民族文化的繁榮。這時期的陶器，從北齊一些樂舞人扁壺等器物的特殊造型和圖案上還可以找到中西文化交流的痕跡。

　　這一時期比較著名的是河北省磁縣北朝時期墓中發現的彩色陶俑，填補了從秦漢陶器到唐朝唐三彩之間的空白。

鄴城位於河北省臨漳縣西南的漳河北岸，始建於春秋齊桓公時。曹魏、後趙、冉魏、前燕、東魏、北齊先後以此為都，北周時為楊堅焚燬。西元二〇四年曹操大破袁紹，開始營建鄴城，還修築了金鳳台、銅雀台和冰井台一些有名的建築。

據記載，曹操死後就埋葬在鄴城西面的磁縣境內。並且歷史上還有曹操「七十二疑塚」之說。

古墓裡的彩繪陶俑共有一千八百餘件，是當時古代墓室內陶俑數量最多的。其中最為精美的是兩件門吏俑，其中一件已經破碎得厲害，另一件很完整，高度有一百四十二公分，是繼秦俑之後最高大的陶俑。

該俑頭上戴著黑色平巾幘，面部豐滿方正，身穿褲裙，外罩兩襠，體態輕盈，氣宇軒昂。雙手拱在胸前，彷彿在扶握著儀仗或劍類的器物。當初是整件塑制而成的，雕琢得十分精細，尤其是陶俑的面部，更顯得形神兼備，確為一件古代陶塑藝術的傑出作品。

另外還有四件鎮墓武士俑和四件鎮墓獸，它們的高度大約有五十公分，全都是彩繪貼金。雖然已經歷經千年的「井水」侵蝕，但依然能看出當年的風采。武士俑執劍按盾，身穿鎧甲，面目威猛；鎮墓獸造型怪異，給人一種神祕之感。

這座墓中最多的是軍卒俑，它們身穿半袖軍服，下穿大口褲，體態矯健；領口部位都繫著一條窄窄的帶子，這應該是「軍紀帶」，是一種用來標明部隊番號的標記。軍卒俑中有一類鼓樂俑，應是當時軍樂隊的形象。

此外還有一些儀仗俑、騎俑和樂舞俑。儀仗俑包括風帽俑、籠冠俑、文吏俑；騎俑有一半的騎手和戰馬全身都披著鎧甲，表現了當時作戰中重裝騎兵的形象；樂舞俑的動作不一，手持的樂器也不一樣，其中有一件胡服老人舞俑，尤為奇特。

這些陶俑不僅數量繁多，而且製作精細，在人物造型上都遵循著嚴格的寫實手法。身體在比例上也比較勻稱。所有的陶俑都經過了精心的彩繪，尤

其是在細部的勾畫上十分逼真，從一個側面反映了當時的繪畫水準已經達到
了相當高的水準。

北朝精美陶器還有河南省濮陽李雲墓的鉛黃釉綠彩蓮瓣紋罐，高二十三
點五公分，口徑七點七公分，足徑八點四公分。罐直口，溜肩，肩部有四弓
形系，腹下漸收斂，實足，底略內凹。口部及下腹部各刻弦紋一周，肩部刻
弦紋數道，四系之下刻忍冬紋一周，腹部刻下覆蓮瓣紋。器身上半部施黃色
透明釉，又於八等分處各施綠彩一道，下部露胎。

此罐胎質潔白，造型工整，釉色突破了單一色彩，更富裝飾性，為豐富
多彩的唐三彩工藝開創了先河。忍冬紋與蓮瓣紋組合是佛教藝術的裝飾題材。
此罐有確切年代可考，其造型和紋飾對研究北齊時期的宗教觀念及藝術等均
有重要意義。

李雲為北齊車騎將軍，據墓誌記載，該墓為李雲夫婦合葬墓，葬於西元
五七六年。該墓的另一件黃釉綠彩罐造型及釉色與這件相同，唯四系是方形
的，與之有別。

鉛黃釉屬於低溫鉛釉。低溫鉛釉的發明比青釉要晚得多，但在漢代已相
當普遍。它的特點是釉面光澤強，表面平整光滑，釉層清澈透明，猶如玻璃
一樣，但硬度比較低，容易出現劃痕，穩定性較差。

南朝的陶器與此類似，不過卻有非常珍貴的《竹林七賢和榮啟期》磚印
模畫，長兩百四十四公分，寬八十八公分，由三百多塊古墓磚組成，分東西
兩部分，一部分為嵇康、阮籍、山濤、王戎四人，另一部分為向秀、劉伶、
阮咸、榮啟期四人。

這幅磚畫純熟地發揮了線條的表現能力，人物造型簡練而傳神。八人席
地而坐，或撫琴嘯歌，或頷首傾聽，性格特徵鮮明，人物之間以樹木相隔，
完美地體現了對稱美學。

魏晉間以嵇康、阮籍、山濤、王戎、向秀、劉伶、阮咸為代表的風流名士，
世稱「竹林七賢」。

　　圖中的榮啟期則是早於「七賢」許多年的春秋時期人物，由於榮啟期的性格和「七賢」極為相似，又被時人譽為「高士」，所以，磚畫中安排榮啟期和「七賢」在一起，除了繪畫構圖上對稱的需要外，榮啟期更有為「七賢」之楷模的寓意。

　　隋朝是一個承前啟後的朝代，為大唐帝國的創建鋪平了根基。在陶瓷史上，為一個新的陶瓷時代拉開了序幕。

　　隋以前，燒瓷窯場主要都集中在長江以南和長江上游的四川地區，北方的燒瓷窯場極為稀少，亦無文獻述及。入隋以後，南北方製陶業才開始了飛躍性的發展，窯場及其燒製的陶器明顯增多，各種花色、風格、樣式的瓷器開始呈現，形成各競風流的局面。

　　隋代主要窯場有河南的安陽窯，位於安陽市北郊洹河安陽橋南岸，是隋代規模最大的一處；河北磁縣窯，位於河北峰峰礦區西部的賈壁村內；另有位於湖南的湘陰窯；安徽淮南窯；四川邛崍窯及江西豐南窯等。

　　隋代陶器的主要器形有壺、罐、瓶、碗和高足盤等。壺的基本特徵是盤口、有頸、系耳都貼附在肩上，盤口較前代高，橢圓腹，系耳多作條狀。高足盤在南北墓中均有發現，可見燒造量大，是隋瓷中較為典型的器物。

　　隋代陶釉仍屬石灰釉，呈玻璃質，透明度強，多呈現青色，青中泛黃或黃褐色；器體施釉一般不到底，多是用支具托墊疊燒。

　　隋代陶器的裝飾紋樣以花草為多，並常在布局上巧妙地穿插替換而組成新穎圖案；盤碗類器多在中心裝飾，由朵花捲葉組成圓形圖紋；瓶罐類器物的裝飾主要集中在肩部和腹部，一般用花朵、卷葉紋組成的帶狀圖案。裝飾手法有印花、刻花、貼花、堆塑等，其中印花應用最為普及廣泛。

　　隋代越窯蓮紋四系罐，直口，溜肩，扁圓腹，實足。肩部安四方形橋系，呈對稱分布。器外壁塑兩層倒置蓮瓣，採用浮雕的裝飾手法，富有立體感。面施青釉，底部則不施釉。

　　隋代陶器以白土陶胎敷青白色釉的作品為多，如隋青釉塑龍屋宇蓋罐，器身斂口，深腹，腹外鼓，平底。口沿以下塑荷葉邊一週，底部以上塑蓮瓣

和繩索紋各一週。中間塑有一蟠龍，作昂首挺胸狀，另塑有屋宇、楊柳、雲彩，釉青黃色。

唐代是中國封建社會的鼎盛時期，經濟上繁榮興盛，文化藝術上群芳爭豔，唐三彩就是這一時期產生的一種彩陶工藝品，以造型生動逼真、色澤豔麗和富有生活氣息著稱。

唐三彩以黃、褐、綠為基本釉色，後來人們習慣地把這類陶器稱為「唐三彩」。它吸取了中國國畫、雕塑等工藝美術的特點，採用堆貼、刻畫等形式的裝飾圖案，線條粗獷有力。

唐貞觀之治以後，國力強盛、百業俱興，同時也導致了一些高官生活的腐化，於是厚葬之風日盛。唐三彩在當時也是作為一種冥器，曾經被列入官府的明文規定，分一品、二品、三品、四品，就是說可以允許隨葬多少件。但是實際上作為這些達官顯貴們，並不滿足於明文的規定，他們往往比官府規定要增加很多的倍數，去做厚葬。

於是從上到下就形成了一種厚葬之風，這也就是唐三彩當時能夠迅速在中原地區發展和興起的主要原因之一。

唐三彩是一種低溫鉛釉陶器，在色釉中加入不同的金屬氧化物，經過焙燒，便形成淺黃、赭黃、淺綠、深綠、天藍、褐紅、茄紫等多種色彩，但多以黃、赭、綠三色為主。

它主要是陶坯上塗上的彩釉，在烘製過程中發生變化，色釉濃淡變化、互相浸潤、斑駁淋漓、色彩自然協調，花紋流暢，是一種具有中國獨特風格的傳統工藝品。

釉燒出來以後，有的人物需要再開臉，所謂的開臉就是人物的頭部仿古產品是不上釉的，它要經過畫眉、點唇、畫頭髮這麼一個過程，然後這一件唐三彩的產品就算完成了。

唐三彩的基本成型方法包括輪製、模製、雕塑三種，在一件器物上，幾種方法往往結合使用，才能製成一件較為複雜的三彩器。

三彩寶相花紋罐，高二十二公分，口徑十二公分。罐敞口，平沿，短束頸，圓肩，鼓腹，圓底，下附獸蹄形三足。罐口帶有綠、白、黃釉斑的拱形圓鈕蓋。通體施黃褐釉，其肩部有凸弦紋一周，並飾綠色圓形貼花六朵，腹部亦勻飾六朵大小相間的綠色寶相花紋。

唐三彩種類很多，如人物、動物、碗盤、水器、酒器、文具、家具、房屋，甚至裝骨灰的壺壇等。

而人物一般以宮廷侍女比較多，反映的是當時的宮廷生活。其他造型有婦女、文官、武將、胡俑、天王，根據人物的社會地位和等級，刻畫出不同的性格和特徵。

貴婦面部豐圓，梳成各式髮髻，穿著色彩鮮豔的服裝；文官彬彬有禮，武士剛烈勇猛；胡俑高鼻深目、天王怒目威武、雄壯氣概，足為中國古代雕塑的典範精品。

洛陽北邙山一帶有一批唐代墓葬，出土了為數眾多的唐三彩隨葬品，有三彩馬、駱駝、仕女、樂伎俑、枕頭等。尤其是三彩駱駝，背載絲綢或馱著樂隊，仰首嘶鳴，那赤髯碧眼的駱俑，身穿窄袖衫，頭戴翻檐帽，再現了中亞胡人的生活形象，使人聯想起當年駱駝行走於「絲綢之路」上的景象。

動物中較為人喜愛的是駝俑，這可能和當時的時代背景有關，在中國古代馬是人們重要的交通工具之一，戰場上需要馬，農民耕田需要馬，交通運輸也需要馬，所以唐三彩中的馬比較多。

唐三彩馬俑的特點首先是造型，它與一般的工藝品的造型不同，與其他時代的陶馬也不同。有的揚足飛奔，有的徘徊佇立，有的引頸嘶鳴，均表現出栩栩如生的各種姿態。

唐代馬俑的造型特點是以靜為主，但是靜中帶動。一匹靜立的馬，透過馬眼部的刻畫，比如眼部刻成三角形的，眼睛是圓睜的，然後馬的耳朵是貼著的，好像在傾聽什麼。透過這樣的細部刻畫來顯示出來唐馬的內在精神和內在的韻律，也可見匠人們高超的製作工藝。

唐三彩中駱駝造型也比較多，這可能和當時中外貿易有關，駱駝是長途跋涉的交通工具之一，且絲綢之路沿途需要駱駝作為交通工具。所以說，匠人們把它反映在工藝品上。

唐三彩的另外一個特點就是釉色。作為一件器物上同時使用紅綠白三種釉色，這在唐代本來就是首創，而匠人們又巧妙地運用施釉的方法，紅、綠、白三色，交錯、間錯地使用。

然後在高溫下經過高溫燒製以後，釉色又澆融流溜形成獨特的流竄工藝，出窯以後，三彩就變成了很多的色彩，它有原色、複色、兼色等，這是唐三彩釉色的特點。

唐三彩器物形體圓潤、飽滿，與唐代藝術的豐滿、健美、闊碩的特徵是一致的。三彩人物和動物的比例適度，形態自然，線條流暢，生動活潑。唐三彩是唐代陶器中的精華，在初唐、盛唐時達到高峰。

閱讀連結

唐三彩在色彩的相互輝映中，顯出堂皇富麗的藝術魅力。唐三彩用於隨葬，作為冥器，因為它的胎質鬆脆，防水性能差，實用性遠不如當時已經出現的青瓷和白瓷。

後來又產生了「遼三彩」、「金三彩」等，但在數量、質量以及藝術性方面，都遠不及唐三彩。

陶白富埒 宋元明清陶器

宋代，魚紋題材開始廣泛地出現在陶器裝飾上。元代，陶器上的魚紋裝飾形成了宋代無法比擬的優勢，無論是品種、器型、裝飾技法和表現風格都別開生面、獨具特色。

明代的陶器除傳統磚瓦外，還出現了宜興陶。另外陶器多為碗類，還有大盤、菱口盞托、梅瓶、執壺等。

至清代，陶器已經不再是主流的藝術品了。自宋時就興起的瓷器已經徹底取代了陶器的地位。

▋五彩斑斕的宋遼金陶器

■北宋青釉蓮花爐

西元九六〇年至一二三四年的兩百七十四年間，是中國歷史上宋、遼、金的對峙分裂時期。宋朝承五代大亂之餘，雖不是一個強盛的王朝，而在中國文化史上卻是一個重要時期。

宋代瓷器在中國陶瓷發展史上是一個非常繁榮昌盛的時期，已發現的古代陶瓷遺址分布於全國一百七十個縣，其中有宋代窯址的就有一百三十個縣。

宋代陶窯大致概括為六個窯系，它們分別是：北方地區的定窯系、耀州窯系、鈞窯系和磁州窯系；南方地區的龍泉青瓷系和景德鎮的青白瓷系。

這些窯系一方面受其所在地區使用原材料的影響而具有的特殊性，另一方面又有受當時的政治理念、文化習俗、工藝水準制約而具有的共同性。

宋琉璃廠窯，生產一種黑釉凸龍蓋罐，高二十一點五公分，口徑十二點五公分，足徑九點二公分。罐直口，弧腹，從上至下漸豐，圈足。頸部堆塑一條蟠曲的龍紋。器身鼓起五道弦紋，每道弦紋兩側貼飾對稱的錐形尖角。

通體施黑釉，釉不及底，近足處及底露出赭色胎體，胎體較粗糙。此器為宋代陪葬用的明器。

南宋時吉州窯興盛，比較精美的為乳白釉乳釘柳斗紋罐，高六點四公分，口徑七點二公分。該罐廣口短頸，腹部豐滿，整體圓潤渾厚，頸部有雙層乳釘。通體施乳白釉，質地鬆脆，體較輕。

宋吉州窯還產有白地黑花罐，高十點五公分，口徑十點五公分，足徑六點三公分。罐廣口，圓唇，直頸，扁腹，圈足。頸及足部褐彩繪多道弦紋，肩頸之間一周黑地白點紋。腹部開光內繪折枝花草紋，開光外繪變形海水紋，紋飾簡練草率。

這種裝飾技法源於北方磁州窯，但又具有地方特色。磁州窯白地黑花品種，白黑對比強烈，而吉州窯白地實為土黃色，黑花實為褐色。紋飾布局多以開光形式出現，常見有奔鹿紋、花草紋等。

江西省南昌南宋墓發現的蓮花紋爐及奔鹿紋蓋罐，為這類器物的斷代提供了有價值的依據。

除罐以外，白地黑花器物還有瓶、壺、爐、尊等。

宋代創造了劃花裝飾的剔刻技法，宋黑釉剔花魚紋裝飾的涵義更加接近日常魚藻紋罐，紋飾黑白分明，線條清晰，圖案具有浮隨著社會的發展，魚紋裝飾作為「吉慶」的象徵開始凸顯，魚紋更多地被賦予吉祥的寓意，深受人民群眾的喜愛。

宋定窯印花三魚戲蓮紋盤，圖案構思巧妙，圖中的三條魚在蓮池中戲耍，魚兒肥壯，蓮花茂盛，反映出「連年有餘」的景象，已具有豐富的民俗吉祥雕感。

與宋同時的西夏也不乏陶器精品。西夏褐釉剔花罐，高二十一點五公分，口徑十一公分，底徑八點六公分。罐呈大口，圓唇，器身略為球形，圈足。腹部主題圖案為兩組剔花牡丹紋，圖案兩邊以連弧紋，中間飾以雲水紋，圖案上下各刻弦紋兩道。為西夏時期陶器的代表器物。

　　遼代是中國東北遼河流域由契丹族建立的地方政權，西元九一六年由耶律阿保機創建，其疆域控制整個東北及西北部分地區。遼長期與漢族比鄰，並受先進中原文化的影響，遼代陶器造型實用性強，粗獷、質樸，富有民族特色。

　　遼代陶器多為酒具、茶具、盛食具、貯藏器和日用雜器。大都為民窯產品，也有供遼皇室和契丹貴族使用的官窯製品。

　　民窯產品粗樸，官窯產品精緻，已發現重要陶瓷窯址七處，其中民窯四處，為遼寧省林東南山窯、林東白音戈勒窯、遼陽江官屯窯、山西省大同青海窯村窯；官窯 四處，為遼寧省林東上京窯、內蒙古自治區赤峰缸瓦窯、北京市龍泉務窯。

　　遼寧、黑龍江、吉林、河北、山西、內蒙古和北京地區的遼契丹貴族墓和漢人墓中均發現有遼窯燒製的醬、黃、綠色釉及三彩陶器。傳世品中遼陶器以黃、綠單色和黃綠白三彩釉陶居多。

　　遼代民窯製品胎質粗糙，均施化妝土。白陶釉白微黃，胎色白帶紅、黑色雜質點；黑釉陶釉色純黑；白釉黑花陶胎色白，黑花呈色黑黃。

　　遼官窯白陶胎質細白，釉色純白或白中泛青，釉質瑩潤，佳者與定窯上品相類，有的於器底刻「官」或「新官」款。

　　北京發現的西元九八五年遼贈齊王趙德鈞墓，和赤峰發現的西元九八六年遼駙馬墓的「官」和「新官」款白瓷盤、碗是遼早期受定窯技藝影響的作品。

　　北京遼代王澤墓、內蒙古昭盟尚墓和山西大同臥虎灣一座遼墓都發現有精美的白陶。黑釉瓷胎質細白，釉色黑中閃綠，積釉處如堆脂，光澤較強；白釉黑花瓷的胎色白中閃黃，有黑色雜質點；單色釉和三彩釉陶器的胎質細軟，作淡紅色，施化妝土。

　　遼代官窯三彩色釉嬌豔光潔，民窯三彩色釉鮮豔不足，釉層易剝落。白釉陶器釉質欠潤澤，白釉上點綠彩者頗為美觀。

遼陽西元九八四年耶律延寧墓、法庫葉茂台遼墓、朝陽前窗戶村遼墓發現的黃、醬和綠色釉陶器，及錦西西元一○八九年蕭孝忠墓發現的黃釉與三彩釉陶器，具有遼彩釉陶器的典型風貌。

遼代陶器造型分為中原形式和契丹形式兩類。中原形式大都仿照中原固有的樣式燒造，有碗、盤、杯、碟、盂、盒、盆、罐、壺、瓶、甕、缸，還有香爐、陶硯、棋子、磚瓦等；契丹形式則仿照契丹族習用的皮製、木製等容器樣式燒造，器類有瓶、壺、盤、碟，造型獨具一格。

遼雞冠壺，仿契丹族皮囊容器樣式，整體由壺身、管狀流和不同形式的系構成，壺體上做出仿皮革縫製的痕跡和皮條、皮扣等附件。後人常以皮製品痕跡的多少區別雞冠壺時代的早晚。雞冠壺有五種樣式，即扁身單孔、扁身雙孔、扁身環梁、圓身環梁和矮身橫梁式。

內蒙古赤峰於西元九五九年遼駙馬墓發現的白陶綠釉雞冠壺扁身單孔，是雞冠壺的早期形式。河北遷安遼韓相墓發現的綠釉帶蓋雞冠壺，是稍晚的扁身雙孔樣式的典型器。

另外，遼寧兩座遼墓發現的白陶雞冠壺和綠釉雞冠壺，是遼晚期盛行的圓身環梁式雞冠壺的作品。

遼寧北票水泉遼墓發現的鳳首瓶、鳳嘴珠，是鳳首瓶的早期樣式。鳳首瓶為鳳頭口、旋紋或竹節式長頸、高體、豐肩、瘦胴、圈足。

遼寧義縣一座遼墓發現的花口鳳首瓶，鳳首托起花口蓋，秀麗挺拔，最為常見。雞腿瓶為小口、豐底，器身細高，上豐下斂，形如雞腿，以弧棱形弦紋為飾，是契丹族普遍使用的貯藏器，產量很大，瓶體上常有刻畫符號。

遼代典型器具還有盤口穿帶壺，亦稱背壺，古代名為攜壺，是遊牧民族用以盛甜酒、奶漿等飲料的容器。壺式有扁體和圓體兩種，體兩側有溝槽和環系，可繫繩，便於騎馬攜帶。

遼寧義縣清和門西村遼墓、法庫葉茂台七號遼墓和北票水泉遼墓發現的穿帶壺，展現了扁體或圓體壺式的特點。

方碟為仿木碟樣式，花邊敞口，四方形，淺身平底。白釉印花方碟精美，但產品極少。三彩印花方碟頗多，遼晚期墓葬中時有發現，西弧山西元一〇八九年遼墓、建平和樂村西元一〇九〇年遼墓發現的三彩印花方碟為其中的代表作。

海棠花式長盤系仿金屬製品式樣，淺壁，平底，作八曲海棠式，以黃、綠、白三色釉花者居多。樣式美觀，色彩嬌豔，一些模仿自然界物品燒造的魚壺、鴛鴦形壺，形態生動，實用美觀。

遼寧凌源縣發現的三彩鴛鴦壺，高十九公分，鴛鴦式壺體臥在荷葉式托上，嘴為流，背上貼五瓣花式口，與腹腔相通。花口下部至尾端連以曲柄，以黃、綠、白三彩釉遮體，羽紋清晰，色彩斑斕。

還有依照印度神話中「摩羯魚」製作的獸首、魚身壺和燈，設計新巧，造型優美，寧城發現的三彩摩羯壺為代表作。

遼代陶器受中原裝飾技法的影響，有刻畫、剔、印、彩繪和色釉裝飾，以簡樸豪放為特點。如取法於磁州窯的黑繪裝飾，多以散點式構圖展現簡潔的紋樣，有疏朗灑脫的美。

建平五十家子遼墓發現的白釉黑花瓶，三組花蝶環列器體，筆致稚拙有力，頗具野趣。

有的在器物表面塗畫彩或描金裝飾，別具一格。單色和三彩釉飾是遼代陶器的一大特色，嬌豔的黃色或蔥翠的綠色給人以美感。

裝飾題材以花卉中的牡丹、野芍藥居多，取材於自然界的飛禽、動物、魚蟲、花草、水波等紋樣也廣見於裝飾畫面，還有傳統紋樣中的龍、獸面、騎士、力士、火珠、流雲等。

金代所處的年代是和南宋相對峙的特殊年代，同時又是北方少數民族所建，因此具有濃郁的時代特色與民族風格。

金代陶器之所以興起，一是由於女真族在契丹遼代及北宋地區大量掠奪珍寶，刺激了金代陶器的發展；二是學習先進的中原文化，促進了陶器的發展。

金代前期陶瓷多利用遼代舊窯燒造，工藝水準較低，製品多粗糙，民族風格和地域色彩較明顯。遼寧撫順大官屯窯和遼陽江官屯窯是金前期日用陶器產地，品種有黑、白、醬釉和茶綠色釉等，胎質粗厚多雜質，釉質混濁不光潤。

金代陶器類以碗、盤為主，帶三系、四系的瓶、壺、罐是地域特點突出的器物。裝飾簡單，僅見白地黑彩裝飾，刻、劃、印、雕、加彩等極少見。

黑龍江雙城縣發現的白釉黑花四系瓶上的黑色草葉紋，自由奔放。遼寧彰武縣發現的白釉黑花葫蘆形壺，貼在壺流上的坐式老人，新穎罕見，展現了金前期陶器的特殊風貌。

金遷都燕京後，陶器的生產集中在大定年間或以後發展起來的河北曲陽定窯、磁縣觀台窯、河南禹縣鈞窯和陝西銅川耀州窯、山東淄博磁村窯等。

定窯以白瓷為主，刻、印花為飾。帶紋飾的細白瓷，以覆燒工藝裝燒，器均「芒口」。民用粗瓷，以創新的砂圈疊燒工藝燒製，形成器物內底一圈無釉的特點。

北京通州西元一一七七年金墓和北京先農壇金墓發現的白釉刻花盤、碗、洗、壺等與江蘇江浦縣西元一一九五年章氏墓發現的白釉印花鴛蓮紋碗，都是金代定窯的代表作。

磁州窯品種豐富，有白釉、黑釉、醬釉、白釉畫花、白地黑花、紅綠彩瓷和色釉陶器等。如金「大定二年」銘白地黑花鳥紋虎枕，河南新鄉金綠釉刻蓮花紋枕，北獻縣發現的白釉黑花牡丹紋瓶，河南濟源縣發現的三彩刻人物紋枕，以及磁縣彭城鎮發現的紅綠彩俑，均為不同品種的代表作。

金代磁州窯罐，通高十二點八公分，罐口直徑六點三公分，罐底七點九公分，腹部最大直徑為二十七點五公分。底色為白釉，上面有黑褐色花紋，勾畫簡潔，似水生植物。罐胎內部施黑褐色全釉，做工樸實簡潔。

　　從器型和工藝上具有金代典型特色，是比較普遍的磁州窯系，它應該是山西地區生產的磁州窯系罐。

　　鈞窯主燒天藍色乳光釉陶瓷。遼寧遼陽金墓、山西侯馬金墓發現的陶器胎質細膩，色灰，釉面潤澤，有片紋、顯暈斑或小黑點，工藝還不夠精細。同類的還有山西大同西元一一九〇年金墓發現的鈞釉小爐，也初步揭示了金代陶器的特徵。

　　耀州窯主燒青釉陶，兼有黑釉和白地黑花瓷。青瓷胎質粗色淺灰，釉色薑黃或淡青，釉層薄，光潤不足。裝飾以印花居多，刻花趨少。

　　陝西銅川耀州窯遺址金代層發現的青釉刻花碗和北京豐台金墓發現的青釉刻牡丹紋碗，刻線流暢，花紋灑脫，為代表器。

　　山東淄博磁村窯主燒白陶，白地黑花、黑釉、白釉黑邊、醬色釉、絞釉等次之。黑釉白線紋又俗稱「粉槓」，是金代最有特色的品種之一。

　　磁村窯發現的黑釉白線紋罐，在黑色鼓腹上，凸起白線紋，色白而粗，十分醒目。加彩器在白瓷上施加紅、綠諸彩，色彩鮮豔絢麗。有的器物底部墨書「泰和」、「正大」等字款。

　　山西境內的渾源窯，安徽境內的蕭窯、宿州窯與泗州窯，也分別燒製鈞窯、定窯、磁州窯風格的產品。

　　金代陶器以盤、碗、罐、瓶、壺為多，杯、洗、爐、盞托、陶枕、玩具等次之。日用器物造型多承襲宋式，時代特點鮮明的造型有雙系、三系、四系瓶，雙系罐和高體的長頸瓶雞腿瓶等。大官屯窯發現的陶雷和江官屯窯發現的黑釉桃形壺是罕見的特殊器物。

　　金代陶器裝飾趨簡，有刻、劃、印、剔花、筆繪、塑貼、加彩等。刻、劃花裝飾以定窯為最，在白釉蓋缸的口沿下刻一周鋸齒紋，腹體刻密集的凸凹線紋，有淺浮雕的效果，時代特點突出。

　　筆繪裝飾則以磁州窯系為代表，用筆簡練，線條明快，畫面生活氣息濃郁。大官屯窯發現的白釉黑花，磁縣觀台窯發現的白釉黑花罐是代表器物。

　　裝飾構圖除宋代多用的帶狀纏枝式、單獨紋樣的均衡式和滿花式外，還善以開光樣式突出主題紋樣。耀州窯遺址金代層發現的青釉刻花臥牛碗，河南鶴壁市發現的白地黑花嬰戲蓮紋枕、白地黑花盆花枕，都以菱形開光托出臥牛、嬰蓮和盆花主題。

　　紋飾等分線內的單獨紋樣構圖也很盛行，吉林省發現的醬褐釉印花碗為典型之例。

　　一花一葉的構圖，疏朗簡潔，畫面中的一枝荷蓮、一枝萱草、一尾游魚，均生機盎然，吉林省發現的定窯白釉刻花是其代表器。

　　白釉黑繪的裝飾題材以花卉居多，水波、魚、鴨、鴛鴦、鷺鷥、飛鳳和嬰戲紋也常見於畫面。畫面中的孩童多身著朵花衫褲，頭梳抓髻，一改宋時那種光頭、赤裸身軀的形象。

　　白釉黑繪的構圖，極近於國畫的章法，畫面上常見秋雁殘荷，一派深秋景色，有水墨畫的清幽意境，北京發現的白地黑花虎形枕是其代表器。

閱讀連結

　　宋代向以「鬱鬱乎文哉」而著稱，是中國古代歷史上最發達的時期之一。上自皇帝本人、官僚巨室，下至各級官吏和地主鄉紳，構成一個比唐代遠為龐大、也更有文化教養的階層。

　　由於南北兩大主流至此而發展到較成熟的階段，以至相互融合而更為臻進，呈現為「百花齊放」的精神面貌和藝術境界。同時，宋代的統治階層崇奉道教，在全國大力扶持和推行道教。

　　道學「靜為依歸」，崇尚自然、含蓄、平淡、質樸的審美觀。青色的幽玄、靜寂，正適宜這個時期的審美情趣。

　　一般而言，社會的意識往往會影響社會統治階級的意識。因此，在理學盛行的宋代，人們追求的是美學上的質樸無華，平淡自然的情趣韻味。而反對矯揉造作的裝飾雕琢，並把這一切提高到某種透徹的哲學高度。

因而，宋代陶瓷講究的是細潔靜潤，色調單純，趣味高雅，表現對神、趣、韻、味的追求和彼此的呼應相協調，並相互補充，成為一代美學風範。

▌有草原風格的元代陶器

■元代黑陶罐

　　西元一二〇六年成吉思汗建立蒙古汗國。西元一二七一年忽必烈改國號為「大元」，取《易經》中「大哉乾元」之意。西元一二七九年統一全國。

　　元朝的疆域空前廣闊，元代陶器也明顯具有草原民族的獨特風格，在器物器形上都新創燒了許多蒙古族特有的器物類型，創燒單色釉也比前代精美。

　　元朝設立了樞府專門管理燒造陶瓷器物，樞府燒出的陶瓷為甜白釉色，被後世稱為「樞府瓷」。並且此時對外貿易、中西文化交流頻繁，開始燒造大量外銷陶瓷。元代盛行大量燒造的青花瓷大多就是外銷到中東的眾多伊斯蘭國家。

　　元代在創燒眾多新品種時，並繼承和發展了宋代陶器風格，釉色肥厚圓潤，器形圓壯，很多地方都有明顯吸收漢文化的特點。

　　山西蒲州發現的元代陶製龍，體形碩大，長一百九十八公分，寬五十公分，高七十公分，通體有施釉痕跡，但顏色已經剝落。除龍頭以外部位均有

龍鱗，龍背頂部有波浪形的鰭，龍頭較長，龍嘴大張，青齒獠牙，下顎有須，龍目圓睜，腦後有鬃，但雙腳已經明顯缺失。龍腿強壯，身下有雲霧纏繞。

這件陶製的龍，實際屬於古代的珐華器，亦稱珐花器或法花器，是一種以藍、綠、黃、紫、白等多種釉色為基調的低溫彩釉陶器。

山西和景德鎮的珐華器在製作工藝上基本相似，主要區別於胎質和釉色。由於這兩種珐華器生產工藝的複雜和特殊，製作歷史的短暫以及其生產的地域相對較少，所以，能保存完好、流傳下來的產品並不多見，傳諸於世藏寶於民的精品更是鳳毛麟角。

這件陶製龍的胎質明顯為陶，因此判斷為山西所造珐華器。珐華器因產地和時代不同在胎質上也存在著明顯不同。

蒲州一帶出的，是元代末年之物，其胎純是土定胎，其釉純似玻璃釉，然仍是料質。其藍如深色寶石之藍，其紫如深色紫晶之紫，其黃質如金箔，唯比金箔色略深透耳；孔雀綠一色尤為鮮豔，垂釉之處亦不發黑；其釉上之綠比他釉另外透亮，與綠水一般，其底裡之綠與翠玉之菠菜綠同。

在裝飾技法上，這件陶製龍採用了壓模、捏塑、刻畫、貼花等傳統工藝手法，從審美角度上看顯得大氣質樸。同時，珐華器在釉色上多表現為鮮豔亮麗的珐翠、珐藍、珐紫，從此件陶龍殘存的釉斑上也可以看到。

該器型龍為元代龍的特徵，龍頭扁長，龍目明亮，龍眉粗壯，龍角後伸，龍軀細長，氣勢兇猛。推測應有一對，分布於大殿屋頂的兩側，應為十分罕見的元代宮廷建築裝飾配件，對研究元代宮廷建築具有十分重要的價值。

元代陶器的胎子厚重，略顯粗糙，多灰黃色，施白色化妝土、釉子白中閃灰黃，有的欠精細光潤，黑彩多閃黃褐色。裝飾以素白瓷、白釉黑花為主。

宋代出現的在黑彩上劃紋飾的裝飾方法，元代也有，一般用於在魚、龍身上劃鱗片或在雁、鳳身上劃羽毛。也有黑釉鐵鏽花、白釉黑花上又罩低溫孔雀藍釉的，後者由於溫度較低，釉子極易蕭秒。

白釉繪黑花陶器紋飾常見的有龍鳳、雲雁、魚藻、卷雲、花卉、嬰戲、人物故事、花鳥、詩句等。

元代雜劇盛行，產生了大量的陶塑作品。河南焦作元代墓發現的雜劇陶俑，呈各種說唱舞蹈形態。其中一件穿戴蒙古式袍帽和氈靴，腰繫皮帶，頭略右傾，一手向上，一手向下，腰肢扭動，神情專注地作踏步舞蹈。

另一陶俑服飾簡單，頭戴便帽，左手執樂器，右手兩指叉於口中，作呼哨狀，似口技表現。俑像成功地表達了秉性樂觀豪放的蒙古族人民的性格。雕塑手法簡潔，形象生動逼真，富有生活情趣，是元代陶塑的代表作。

元陶器的器型較大，多碗、盤、罐、瓶、枕、盆、扁壺、玉壺春瓶、高足碗等。

元代的一件黑陶大碗，口徑十七點五公分，高六公分，大氣而拙樸。

趙集區會龍鄉閭廟村發現的元代陶香爐，工藝精細，造型古樸。爐兩邊有對稱的神態活現的小狗作爐耳，下有三隻鼎形虎腿。爐體著綠瓷釉已大部脫落，僅凹陷處尚存。爐高十五公分，口徑九公分，腹徑十一公分，是元代祭祀用品。

元朝統治者依靠鐵騎奪取天下，但元代馬的雕塑作品卻很少，所以陶器中的陶馬就顯得彌足珍貴。有一件元陶馬，高二十點六公分，長二十五公分，灰陶質，馬頭飾籠套，雙耳豎立，頸刻畫長鬃，尾粗長，四足直立於長方形托板上。

另外，河南省焦作市元代古墓發現了完整彩繪陶「車馬出行儀仗隊」，共有陶俑、陶馬、陶車八十一件，均為彩繪陶，以粉、紅、綠為主，色澤鮮豔，組合為一套完整的「車馬出行儀仗隊」。同時還有陶倉、陶幾等陶明器。

陝西省戶縣元代賀氏墓的陶俑，有男侍俑、女侍俑、儀衛俑、騎馬俑、牽馬俑、胡人騎駝擊鼓俑、牽駝俑等，總數近六十件。侍俑通高三十至三十三公分，騎馬俑通高約四十五公分。

賀氏墓女侍俑頭綰雙辮髻，上身著窄袖左衽短襖，下繫長裙，作捧盒侍奉狀；男侍俑頭髮分披，身穿窄袖右衽長袍，作籠袖搭巾侍立狀；儀衛俑戴幞頭，身著盤領窄袖長袍，腰束革帶，足蹬短靴，左臂曲舉，作吆喝姿態。

塑工最佳的是一組騎馬俑，有的頭綰髮辮，有的戴寬沿氈笠，或佩腰刀，或背箭箙，足踏馬鐙，左手提韁扶鞍，右手甩開，作揚鞭催馬狀，刻畫了蒙古族諳熟騎術、崇尚射獵的生活習俗。

賀氏墓還發現有牽馬俑，俑高三十四公分，馬高三十七公分。灰陶、模製。牽馬俑頭戴圓形帽，束辮垂至肩頭，身穿長袍，腰間束帶，右手曲至胸前，左手向一側伸出，似在牽馬起程。陶馬背負行囊，行囊以繩索捆實。兩件雕塑品巧妙地組合在一起，有著濃厚的生活氣息。

賀氏墓的這批元代陶俑，以藝術手法寫實、造型比例勻稱而著稱。

元代陶俑的製作一般都較粗率，這是因為，一方面紙制明器的繼續流行，另一方面則是深受蒙古族喪葬習俗的影響。蒙古族素以深埋不墳為傳統，所以一般不用俑來隨葬，只有部分漢族和少數契丹族官僚仍以陶俑隨葬。

元代陶俑主要發現於陝西和四川，陝西以西安曲江池西村段繼榮夫婦墓、長安縣韋曲村賀氏墓、寶雞元墓等發現的元俑為代表。

陝西元俑都為深灰胎，不上釉，在技巧和製作方法上尚有一定的藝術水準，風格寫實，種類有男女侍俑、騎馬俑、駱駝俑、馬俑等，大部分俑的形象為蒙古族人和胡人。

在陶俑的組合上，五代、宋時頗為盛行的四神俑元代已消失，人物面貌多具有少數民族及域外文化色彩。

閱讀連結

賀氏墓是元代賀賁、賀仁杰、賀勝祖孫三代墳塋，陶俑是墓中的隨葬品。墓裡的陶馬並不高大，屬蒙古馬種。在生活中蒙古馬雖不及青海、新疆、阿拉伯馬高大，但卻是最能吃苦耐勞，在惡劣環境中，可供長途跋涉的良駒。

蒙古和元代騎士常把自己命運和馬聯繫在一起。蒙古人常喜歡繪製一匹帶著翅膀的駿馬為旗幟，隨風飄揚，以天馬行空來象徵時運的飛騰。又常以「中途失馬」來比喻人生的最大不幸。

在元代看守皇帝和蒙古大汗坐騎的大臣，是皇帝和大汗最信賴的人，他們可以在朝中出任重要官職。騎士和將軍對於給他牽馬垂鐙的人，則視為生死與共的心腹。

在元代墓葬中以牽馬俑當作隨葬品，如同殷商時期用御車侍者殉葬一樣，都是為了將最信任的人帶到另一個世界為自己服務。

▋四大名陶興起的明清陶器

■太平有像紫砂壺

明代承襲兩宋特別是南宋以來商業貿易的飛速發展，明代的商業非常發達，民間也因此變得富裕。

清代是中國封建社會的最後一個王朝，陶器與明代一脈相承，在這一時期得到了空前發展，形成了中國古代陶器史上的最後一個高峰，有「明有粗陶、清有紫陶」之稱。

這時最著名的就是成就了中國的四大名陶，即紫砂陶、坭興陶、建水陶和榮昌陶。

紫砂陶是指用江蘇宜興丁蜀鎮北黃龍山產的陶土即紫砂泥製成的陶器。

中國是茶的國度，古代梅堯臣、蔡襄、蘇東坡這些大文豪都留下了一些詠茶名篇、名句。其中梅堯臣的「小石冷泉留早味，紫泥新品泛春華」堪稱千古絕唱，講的就是用紫砂陶壺烹茶。

到了明代，中國飲茶的方法發生了很大的變化，對沏茶的程式也更加講究：

探湯純熟便取起，先注少許壺中，祛湯冷氣，傾出，然後投茶，茶多寡宜酌，不可過中失正……兩壺後又用冷水湯滌，使壺涼潔，不則減茶香矣。

烹茶演變為沏茶，對茶壺的質地要求就相對高了，透過千百年來的實踐，人們發現，用紫砂壺泡茶，茶味雋永醇厚，由於紫砂壺能吸收茶葉汁，用的時間愈長，泡出的茶水味道就愈好。

於是，紫砂陶器中的主要器具紫砂壺也就應運而生，製作紫砂壺的高手、名家、大師也就一個個走到歷史的櫃台，他們的名字和業績與紫砂壺的興衰交織在一起。

紫砂壺發源於江蘇省宜興，創始人是明代正德、嘉靖時的龔春，世稱「供春」。他創製的「供春壺」，當時人稱讚「栗色暗暗，如古今鐵，敦龐周正」，短短十二個字，令人如見其壺。

供春後來傳給時大彬、李仲芬，兩人與時大彬的弟子徐友泉並稱為萬曆以後的明代「三大紫砂妙手」。時大彬的紫砂壺風格高雅脫俗，造型流暢靈活，雖不追求工巧雕琢，但匠心獨運，樸雅堅致，妙不可思。

徐友泉手工精細，擅長將古代青銅器的形製做成紫砂壺，古拙莊重，質樸渾厚。傳說，徐友泉幼年拜時大彬為師學陶藝，懇求老師為他捏一頭泥牛，時大彬不允。

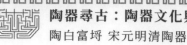
此時一頭真牛恰從屋外經過，徐友泉急中生智，搶過一把泥料，跑到屋外，對著真牛捏了起來，時大彬大加讚賞，認為他很有才華，於是欣然授其全部絕活，後來果然自成一家。

以上四人為第一期的紫砂陶大師。第二期紫砂陶大師為清初人陳鳴遠、惠孟臣。陳鳴遠以生活中常見的栗子、核桃、花生、菱角、慈姑、荸薺、荷花、青蛙等的造型入壺，工藝精雕細鏤，善於堆花積泥，使紫砂壺的造型更加生動、形象、活潑，使傳統的紫砂壺變成了有生命力的雕塑藝術品，充滿了生氣與活力。

同時，陳鳴遠還發明在壺底書款、壺蓋內蓋印的形式，到清代形成固定的工藝程式，對紫砂陶的發展產生了重大影響。由於陳鳴遠的作品出神入化，名震一時。

第三期紫砂陶大師是清代中葉嘉慶、道光年間的陳鴻壽和楊彭年。陳鴻壽是清代中期的著名書畫家、篆刻家，藝術主張創新，他倡導「詩文書畫，不必十分到家」，但必須要見「天趣」。

他把這一藝術主張，付諸紫砂陶藝。第一大貢獻，是把詩文書畫與紫砂壺陶藝結合起來，在壺上用竹刀題寫詩文，雕刻繪畫。第二大貢獻，他憑著天賦，隨心所欲地即興設計了諸多新奇款式的紫砂壺，為紫砂壺創新帶來了勃勃生機。

紫砂壺按工藝可分五類：光身壺、花果壺、方壺、筋紋壺、陶藝裝飾壺。

光身壺是以圓為主，它的造型是在圓形的基礎上加以演變，用線條、描繪、銘刻等多種手法來製作。

花果壺是以瓜、果、樹、竹等自然界的物種來作題材，加以藝術創作，使其充分表現出自然美和返璞歸真的原理。

方壺是以點、線、面相結合的造型。來源於器皿和建築等題材，以書畫、銘刻、印版、繪塑等當作裝飾手段。壺體莊重穩健，剛柔相間，更能體現人體美學。

筋紋菱花壺俗稱「筋瓢壺」，是以壺頂中心向外圍射有規則線條之壺，豎直線條叫筋，橫線稱紋，故也稱「筋紋器」。

陶藝壺是一種似圓非圓、似方非方、似花非花、似筋非筋的較抽象形體的壺，可採用油畫、國畫之圖案和色彩來裝飾，有傳統又非傳統的陶瓷藝術。

紫砂壺按行業可分為三類：

花貨即自然形，採用雕塑技法或浮雕、半圓雕裝飾技法捏製茶壺，將生活中所見的各種自然形象和各種物象的形態以藝術手法設計成茶壺造型，諸如松樹段壺、竹節壺、梅干壺、西瓜壺等，富有詩情畫意，生活氣息濃郁。明代供春樹瘤壺是已知最早的花貨紫砂壺。

光貨即幾何形，特點是壺身為幾何體，表面光素。光貨又分為圈貨、方貨兩大類。圈貨，即茶壺的橫剖面是圓形或橢圓形，如：圓壺、提梁壺、仿鼓壺、掇球壺等；方貨，即茶壺的橫剖面是四方、六方、八方等，如：僧帽壺、傳爐壺、瓢梭壺等。

筋貨是從生活中所見的瓜棱、花瓣、雲水紋創作出來的造型樣式。這類壺藝要求口、蓋、嘴、底、把都必須做成筋紋形，使與壺身的紋理相配合。這也使得該工藝手法達到了無比嚴密的程度。近代常見的筋紋器造型有合菱壺、豐菊壺等。

宜興紫砂泥的發現，還有一個美麗的傳說。

宜興丁山位於太湖之濱，是一個普通而美麗的小鎮。

傳說很久以前，鎮裡的村民早出晚歸，耕田做農活，閒暇時便用陶土製作日常需用的碗、罐。就這樣，他們過著無憂無慮而又簡單平凡的生活。

有一天，一個奇怪的僧人出現在他們的鎮上。他邊走邊大聲叫喚：「富有的皇家土，富有的皇家土！」村民們都很好奇地看著這個奇怪的僧人。

僧人看到村民疑惑，便又說：「不是皇家，就不能富有嗎？」

人們就更加疑惑了，直直地看著他走來走去。

奇怪的僧人提高了嗓門，快步走了起來，就好像周圍沒有人一樣。

有一些有見識的長者，就跟著一起走，走著走著到了黃龍山和青龍山。突然間，僧人消失了。

長者四處尋找，看到好幾處新開口的洞穴，洞穴中有各種顏色的陶土。長者搬了一些彩色的陶土回家，敲打鑄燒，神奇般地燒出了和以前不同顏色的陶器。

一傳十，十傳百。就這樣，紫砂陶藝慢慢形成了。

紫砂陶是從砂錘煉出來的陶，既不奪茶香氣又無熟湯氣，故用以泡茶色香味皆蘊。砂質茶壺能吸收茶汁，使用一段時日能增積「茶鏽」，所以空壺裡注入沸水也有茶香。冷熱急變適應性強，寒冬臘月，注入沸水，不因溫度急變而脹裂；而且砂質傳熱緩慢，無論提撫握拿均不燙手。

當年蘇東坡用紫砂陶提梁壺烹茶，有「松風竹爐，提壺相呼」的詩句，也絕非偶然。這就是古今中外講究飲茶的人，所以特別喜愛用紫砂壺的原因。

紫砂名壺樹癭壺的造型模仿樹癭，壺面凹凸不平，有樹皮模樣刻紋，整把壺呈暗栗色。是明代制壺大家供春創製的一種壺式。

再如「冰心道人」壺，壺體顏色似瓷器中的茶葉末釉，壺身正面是一個凹進去的龕，內坐一人，龕外壁裝飾有桃樹、桃花、桃葉。壺身另外三側為雕刻的雲紋，壺底款為「冰心道人」。

另外還有「二泉」銘壺，是清末紫砂名家邵二泉銘的壺。這把壺形制古樸，壺為土黃色，周身竹造型，而一蝙蝠翩然而至，應和古人「祝福」意願。壺腹一側，陰刻行書：「天朗氣清，惠風和暢」，這句詩源於王羲之《蘭亭集序》，署名「二泉」。壺底有「唐冰」款。

宜興窯玉麟款紫砂覆斗式壺，高七點五公分，口徑五點七公分，底徑九點八公分。壺呈上小下大覆斗式，平底四方委角形。

薑黃色砂泥，滋潤細膩。壺身鐫刻篆書「子孫宜」三字，底鈐篆書「玉麟」印章款。此壺造型方中有圓，給人以剛中帶柔的感覺。

「玉麟」指黃玉麟,清道光、咸豐年間的制壺名家,善制掇球、供春、魚化龍壺諸式,所制砂壺精巧而不失古意。

坭興陶發源於廣西壯族自治區欽州,古稱越陶,據史志記載可能發明於唐以前,至唐而益精緻。欽州城東平心村於山麓發現逍遙大塚,內藏寧道務陶碑一通,旁邊有陶壺一個,此碑刻有「唐開元二十年」字樣。

坭興陶在清朝中葉時期,還沒有確切的名稱,至清朝咸豐年間,欽州陶器發展鼎盛,坭器得以廣泛興用,故得名「坭興」。

坭興陶產品主要有茶具、文具、食具、咖啡具、花瓶、花盆、熏鼎及仿古製品八類,花色品種達六百餘種。大的有高達兩公尺的大花瓶,小的有直徑僅三公分的小茶杯。其中以各式茶具、花瓶筆筒、盆景和食具最負盛名。

坭興陶盛行於清朝咸豐年間,坭興陶的祖師爺胡老六,是一個讓坭興化蛹成蝶的老陶人。胡老六當初在製作小煙斗時做了三個新嘗試:棄沙土改用城西紅泥、棄缸改窯高溫煅燒、燒成後反覆打磨。

當時只是為了讓自己所製作的煙斗更細膩更堅硬,他沒有想到的是,自己這一改,燒成後的煙斗經打磨後竟細膩柔滑猶如玉質,且呈現出神祕的古銅色。這是欽州陶器第一次出現窯變。

更沒想到的是,這一改製出的煙斗精良遠勝江蘇宜興而暢銷省內外,從而讓已有一千多年的欽州陶器開始有了一個自己的名字:欽州坭興陶。

隨後,鄭金聲、潘允興等坭興巨匠相繼而出,以至於一時間有四十多家生產坭興工藝的人家聚居在欽州那條名揚全國的小小坭興巷裡,而來往官員無不購買坭興器分贈親友,這是欽州坭興繁榮的開始。

當時生產的產品有各種吸菸小泥器、茶壺、小花瓶和文具。從事此項生產的有四十多家,其中較負盛名的有「黎家園」、「仁我齋」、「符廣音」、「麥興記」、「潘允馨」等家。

至清同治年間,從事坭興工藝的人家,大都聚居於市城南魚寮橫街設店經營,形成一條坭興巷,即「煙斗巷」。

清光緒年間，坭興陶已馳名於各省，自欽設道署後，官員來往較多，無不購坭興陶帶出外省，名傳各地。期間曾參加世界性的陶藝評比，均獲大獎。

坭興陶器中一件為風格獨特的白泥紋瓶，瓶高二十九點八公分，器底落印陽紋「欽州官窯」款。從它的胎體和製作工藝斷定其使用的泥極細膩，燒成後都經過磨光，有玉質效果，這是它區別於其他窯口生產的陶器的主要特徵。

欽州坭興陶製作工藝是世代相傳的。藝人們利用具有很強可塑性的泥質，在器皿坯體上雕刻詩文和繪畫，詩文內容高雅，繪畫主要以山水花鳥為題材，富有國畫白描風格。

人們在坭坯上按預先設計好的圖樣雕刻，如仙女散花、桂林象山、水月洞、八仙過海或各種花、鳥等，刀法老辣、古拙，工藝精湛，運刀如運筆。

坯體上刻出花紋後，再在刻痕中填上另一種坭料，例如填以白色坭料，趁坭濕時填充融合，可以燒出紅器白花、白器紅花的效果，使坭興陶在單純古樸中透露出一種又醇又濃的人文味，是一種雅緻的工藝品，又具有較高的實用價值，博得了人們的喜愛。

坭興陶在燒製過程中不添加任何陶瓷顏料可產生窯變體，在傳統工藝的燒製過程中，其顏色多為朱色或紫紅色。

偶爾有一個或少數幾個產品產生深綠色或古銅色的「窯變」體，是無法預測和控制的，素有「窯寶」之稱。欽州坭興陶的「窯變」技術，堪稱「中國一絕」。

坭興陶產品經窯變，表層還保留著朱色或紫紅的原色。經打磨去表層後才發現其真面目，形成各種斑斕絢麗的自然色彩，若隱若現古銅、墨綠、紫紅、虎紋、天藍、天斑、金黃、栗色、鐵青等諸多色澤，質地細膩光潤，具有很高的欣賞和收藏價值。

坭興陶耐酸耐鹼，無毒性，它獨具透氣而不透水的天然雙重氣孔結構，有利於食物長久儲存。實踐證明，茶葉置於坭興陶罐數年而無霉變。茶具泡

茶,味正醇香,隔夜而色味不變。久用之空壺沖入白開水仍有芳香茶味,乃茶具上品。

坭興花瓶插花,花豔葉茂、經久不謝;尤其桃李,更可開花結果;坭興食具盛裝食品,暑天隔夜不餿。這些都是坭興陶獨具的特點。

坭興陶傳統的雕刻技法,是在坭興陶半成品的坯體上,用鋒利的鋼刀雕刻出文字和圖案,分為平雕工藝和浮雕工藝兩大部分,平雕是在半乾稍濕的泥坯上進行,有線刻、鏤空、雕塑、鑲嵌等技法。浮雕是在全干的坯體上進行,有高浮雕、低浮雕、陽刻與陰刻等技法。

建水陶,又名建水紫陶,因產於雲南省建水呈赤紫色而得名。產生於清代,始於道光年間,是在明代粗陶生產昌盛的基礎上發展起來的。

建水古城北郊有一個窯火燒出來的村落「碗窯村」。碗窯村始於何時已無從考證,後人只知道這裡世代以陶瓷為業,村落由製陶而生。村子後面的紅土坡由東向西綿亙數里,沉寂著一大片行跡清晰的古窯遺址和堆積如山的陶瓷殘片。

建水紫陶的泥料取自建水境內。傳統制泥方法是:將不同的製陶黏土分別搗成粉末,篩棄粗砂後,按製陶的要求把不同的粉末原土進行配比,再放入缸內加水製成漿狀攪拌淘洗。待含砂漿泥沉落缸底,便用勺取上面的漂漿倒入另一隻缸內作再次淘洗。

如此反覆五六次之後,讓其在封閉狀態下自然凝乾成泥,這時的泥料已經膩如膏脂,無絲毫砂粒。由於泥料的細膩,在濕潤狀態下的可塑性相對較弱,因此,建水紫陶一般不採取灌漿注模的方式製成器型,也不宜於製作大型器件。此特性成就了建水紫陶可以在器物表面做細微雕刻填泥和無釉磨光的特殊工藝。這也是建水紫陶與其他含砂陶器最本質的區別。

建水紫陶的坯土是紅色黏土,填色的泥料則是白色黏土,一些灰綠的、淺絳的、橙黃的天然彩泥被奇妙地敷上了紫色的陶坯,這種人為的創新和發揮,極大地彰顯了建水紫陶的藝術表現力。

「殘貼」更是將在陶坯上施泥為彩的藝術演繹得出神入化。殘貼的做法是：將坯上的字畫分別以陰、陽兩種刻法交叉刻出，在刻模上以彩泥交替填充，多不過五六塊，少則兩三貼，讓觀者心隨神移，浮想聯翩。

建水紫陶生產之初，主要生產煙斗、茶具、花瓶、筆筒、印盒、燭台等物件，造型大多古樸典雅，別具一格；至清朝光緒年間開始生產一種用於燉雞、造型獨特的「楊林鍋」，又稱為「楊捏」，獨具匠心，外表飾有花鳥、蟲、魚、草、木、山、水圖畫、詩詞題，精美絕倫，具有「陶具一秀」之譽。

文人的字畫移位於紫陶之上，將古老的建水陶藝點化為一種經典。以陶為紙，既要保留筆墨的法備氣至，又要兼顧陶坯在不同弧面和濕潤狀態的柔糯特性，捉毫濡墨須由厚實的懸肘運筆功底。

紫陶上的字畫不以斑斕的視角衝擊取勝，而以一種純潔安詳的淡雅與觀者交流，傳導出的是一種優美單純的寧靜。

建水紫陶的魅力，還在於其雕刻填泥工藝所構成的陶製泐痕與纖毫圓勁之間的對比融合。對陶坯落墨後，刻工藝人立刻將濕潤狀態下陶坯上的墨跡雕刻成模，刻痕切口光滑而稜角分明，並無刻石般線條自然崩裂的糙刺邊沿。

然而，妙處在於，刻模經填泥、修坯、風乾、焙燒、分次打磨拋光以後，線條居然呈現出好似經千年鏽蝕風化而斑駁陸離的肌理變化，於是便有了金石之氣的天生古拙。刻工藝人多為女工，且大多不諳字畫之理，但她們對泥性和刀技十分熟悉。

「無釉磨光」是建水紫陶最能區別於其他陶品的特色，一件上好的作品需要經過七八道工序。使用先粗後細的打磨工具才能完成，以粗砂石磨去火皮，再用細砂石打磨留下的拉絲，最後用鵝卵石拋光，細緻複雜的過程後，原本黯淡粗糙的陶體被磨出了鏡光，展現出其細潤的質感和光澤的變化。

建水紫陶代表作如紫陶殘貼、清香罐、三足筆筒、博古瓶、中號筆筒、仿青銅器檯燈、大型紫陶花缸等陶器珍品。

榮昌陶器原產地為四川省榮昌縣安富鎮，清代以前叫磁窯里，有史可證的陶器最早出現在漢代，明清時代得到廣泛發展。

榮昌陶器主要生產日用陶、包裝陶、工藝美術陶、園林建築陶，由於榮昌的陶土黏性和可塑性強、燒製的容器具有不滲漏、保鮮好等特點，素有「泥精」的美稱，人們因此給了榮昌陶器「薄如紙、亮如鏡、聲如磬」這九個字的評價。

榮昌陶品種繁多，工藝陶中素燒的「泥精貨」，具有天然色澤，給人以古樸淡雅之感。以各種色釉裝飾的「釉子貨」，觀之有晶瑩剔透之形，叩之能發清脆悅耳之聲，裝飾大方樸質而富於變化，具有濃郁的民族風格和地方特色。

安富鎮有優質紅、白陶土，質細色正，可塑性強，宜於製陶。尤其叫人稱絕的是，榮昌陶器對所儲藏的物品不沾味、不變味、不滲色，可以長期保質、保味、保鮮，極具實用性。

榮昌陶器為中國陶瓷和工藝美術增添了不可缺少的一環。最早，榮昌主要生產缸、盆、鉢、罐等粗陶產品，造型樸實自然，有粗獷、野性之美；從嘉慶時開始逐步發展到清咸豐時的「泥精」，屬細陶類，釉質瑩潤，再逐步發展到光緒時的刻花、色釉。

在器型方面，榮昌陶的始祖器物中也有著北方陶器的形體，造型上以「柳、卵、直、脹」為特色，與北方陶瓷粗、大、厚、重的風格迥然不同。日用器型以泡菜壇、花瓶、罐、茶壺、缸、鉢、蒸鉢、鼓子、茶具、酒具、飯碗、文房用品等為主，工藝美術陶以鑒賞品、動物雕塑和煙具為主。

康熙年間，榮昌陶窯由甑子窯發展為長窯，最盛時達二十多座窯場。咸豐、光緒時已先後建成中興窯、磨子窯、老興窯、崇興窯等一批名窯，燃料均以松柴為主。

閱讀連結

欽州坭興陶歷史悠久，馳名中外。早在西元一九一五年美國召開的「巴拿馬運河開航太平洋萬國博覽會」上，中國歷史上第一次組團參加國際大賽，欽州坭興陶就榮獲金牌獎。

欽州坭興陶藝人名傳四海。從清朝起，曾被光緒皇帝召見。中華人民共和國成立後，坭興名家榮幸地受到國家領導人接見。

　　歷代詩人、著名的書畫藝術家對欽州坭興陶情有獨鍾，紛紛作詩讚譽。

　　西元一九九七年中國國務院頒布的《傳統工藝美術保護條例》中，欽州坭興陶和廣西「壯族織錦」一起列入被保護的民族特色工藝品。欽州坭興陶當屬廣西兩件寶之一。

國家圖書館出版品預行編目（CIP）資料

陶器尋古：陶器文化與藝術特色 / 謝滌非 編著 . -- 第一版 .
-- 臺北市：崧燁文化，2020.02
　　面；　公分
POD 版

ISBN 978-986-516-145-3(平裝)

1. 陶器 2. 中國

796.6　　　　　　　　　　　　　　　　108018653

書　　名：陶器尋古：陶器文化與藝術特色
作　　者：謝滌非 編著
發 行 人：黃振庭
出 版 者：崧燁文化事業有限公司
發 行 者：崧燁文化事業有限公司
E－m a i l：sonbookservice@gmail.com
粉 絲 頁：　　　　　　　網址：
地　　址：台北市中正區重慶南路一段六十一號八樓 815 室
8F.-815, No.61, Sec. 1, Chongqing S. Rd., Zhongzheng

Dist., Taipei City 100, Taiwan (R.O.C.)

電　　話：(02)2370-3310 傳　真：(02) 2388-1990
總 經 銷：紅螞蟻圖書有限公司
地　　址：台北市內湖區舊宗路二段 121 巷 19 號
電　　話:02-2795-3656 傳真 :02-2795-4100　　網址：
印　　刷：京峯彩色印刷有限公司（京峰數位）

定　　價：200 元
發行日期：2020 年 02 月第一版
◎ 本書以 POD 印製發行